U0917937

企业班组长培训教材

主　编　刘　哲
副主编　孙路平　王颖莉

北　京
冶　金　工　业　出　版　社
2013

内 容 提 要

本教材共分三篇：企业文化及班组文化建设，班组团队建设，班组沟通。内容囊括了现代生产制造和先进服务业背景下开展班组管理必备的理论知识，集成了多年来企业各单位培训中形成的优秀经验和管理技能。

本教材适合企业班组长、作业长借鉴和职工阅读，具有很强的实践性和指导性。

图书在版编目(CIP)数据

企业班组长培训教材/刘哲主编．—北京：冶金工业出版社，2013.11

ISBN 978-7-5024-6251-2

Ⅰ．①企…　Ⅱ．①刘…　Ⅲ．①生产小组—工业企业管理—技术培训—教材　Ⅳ．①F406.6

中国版本图书馆 CIP 数据核字(2013) 第 263341 号

出 版 人　谭学余
地　　址　北京北河沿大街嵩祝院北巷 39 号，邮编 100009
电　　话　(010)64027926　电子信箱　yjcbs@cnmip.com.cn
责任编辑　马文欢　王雪涛　美术编辑　彭子赫　版式设计　孙跃红
责任校对　禹　蕊　责任印制　牛晓波
ISBN 978-7-5024-6251-2
冶金工业出版社出版发行；各地新华书店经销；三河市双峰印刷装订有限公司印刷
2013 年 11 月第 1 版，2013 年 11 月第 1 次印刷
148mm×210mm；6.75 印张；197 千字；204 页
22.00 元

冶金工业出版社投稿电话：(010)64027932　投稿信箱：tougao@cnmip.com.cn
冶金工业出版社发行部　电话：(010)64044283　传真：(010)64027893
冶金书店　地址：北京东四西大街 46 号(100010)　电话：(010)65289081(兼传真)
（本书如有印装质量问题，本社发行部负责退换）

序

2013年是全面贯彻落实党的十八大精神、实现建成小康社会宏伟蓝图的开局之年。十八大报告指出要大力实施创新驱动发展战略，企业要提高原始创新、集成创新和消化吸收再创新能力。为此，每一个企业都需要通过加强企业文化建设，通过提高各级管理人员及班组长的团队协调能力和沟通能力，来打造一支能干、会干，有战斗力的班组团队，通过提高企业的基础竞争力，进而实现企业的创新能力和核心竞争能力。

企业文化是企业发展的底蕴，是企业的灵魂，是推动企业可持续发展最深层次的驱动力。它体现着企业的价值观，引领着企业的发展方向，决定着企业的发展战略。企业班组长、作业长来自于生产一线，作为兵头将尾，他们是最基层的生产管理者和组织指挥者，是最前沿的产品制造者和服务提供者，是企业文化最直接的载体。班组长、作业长的工作能力、管理水平以及职业素养直接关系到企业文化的成败、决定着企业的生产服务质量、影响着企业的自主创新与核心竞争力。因此，大力培育一支技术技能精湛、组织管理水平高超、创新服务意识超强的企业班组长和作业长队伍，对于提高企业的整体管理水平、提高产品质量和效益，使生产一线劳动者形成钻研技能、爱岗敬业、自我成才的氛围具有至关重要的作用。为此，我们组织编写了这本教材，紧密结合企业班组一线生产管理实际，总结提炼出班组长、作业长在企业文化建设、团队建设以及工作实践中最常遇到和最感困惑的具体问题，给予简明解答。教材共分三讲：企业文化及班组文化建设；班组团队建设；班组有效沟通。囊括了现代生产制造和先进服务业背景下开展班组管理必备的理论知识，集成了许多企业多年来在实践中形成的优秀经验和管理技能，适合班组长、作业长借鉴和职工阅读，具有很强的实践性和指导性。

我们希望这本教材能够为企业基层管理者解决工作困惑，为企业职工工余自学提供启发帮助，为企业岗位练兵、技能提高提供服务支持。希望越来越多的生产一线劳动者能够不断提高素质，实现岗位成才，为推进企业发展及其战略目标的实现做出更大的贡献！

本书由刘哲担任主编，孙路平、王颖莉担任副主编，侯国旗、王颖莉编写。

由于时间仓促，编写水平有限，教材中难免存在不足和疏漏之处，敬请广大读者批评指正。

首钢工学院副院长：

2013 年 2 月

目　录

第一篇　企业文化及班组文化建设

第二篇 班组团队建设

第三篇 班组沟通

第一篇　企业文化及班组文化建设

第一章

正确认识和理解企业文化

引例：

把四只猴子A、B、C、D关在一个笼子里，笼子上方挂着香蕉，香蕉连着机关，一旦触动机关，笼顶就会降水。

当这四只猴子进入笼子之后，它们一下子看见了笼顶的香蕉，出于本能的反应，它们马上扑向这只香蕉。最终还是那个力气大的、蹦得高的猴子先拉着香蕉，如人所料，笼顶随即降水，把这些猴子吓了一跳，不知道发生了什么事情，这四只猴子退到了一边。它们不知道为什么吃个香蕉还要遭到水淋？可是过了一会儿，第二只猴子又开始去抢这个香蕉，结果笼顶又开始降水；过了一会儿，第三只又去抢这个香蕉，同样第三只猴子又被浇下来了。它们不明白究竟发生了什么事情，为什么吃香蕉要冒这么大的危险。但是它们又不甘心呀！最后，第四只没有拿到香蕉的猴子不甘心，跃跃欲试。就在正想去拉香蕉但还没去拉的时候，其他三只猴子对它一阵狂风暴雨的拳脚——前三只猴子终于明白了这个香蕉不能动，一动香蕉就会有灾难，这三只猴子都会阻止另外一只。猴子似乎明白了在香蕉和淋水之间有着某种必然的联系：如果拉香蕉就会淋水，如果不拉香蕉就不会淋水，反复的经历终于使它们形成了这样一个条件反射。

这个时候，科学家们就开始变换试验对象，把第一只猴子 A 拉出去，然后再把第五只猴子 E 放进去。这个时候，这只猴子也看见了香蕉，就在它想去拉香蕉的时候，B、C、D 就冲上去，对 E 一顿痛打。最后，挨过水浇的 ABCD 四只猴子全换出了笼子，从未挨过水浇的 EFGH 四只猴子依然保持着谁动香蕉就打谁的行为，究竟为什么要打或挨打，被打的猴子不知道，打猴的猴子也不知道，谁也不知道为什么要打或挨打。究竟为什么这个香蕉不能动，为什么一动就要挨打，谁也不明白。这时候一个著名的心理现象就产生了，称为塔布效应，塔布即是禁忌。

启示：

个体的认知、感知、行为最终形成群体的认知、感知、行为。

群体感知的反复刺激——群体认知——共同遵守——行为规范。

第一节 企业文化建设的作用

20 世纪 80 年代，继日本和美国之后，欧洲、亚洲四小龙等相继出现研究企业文化、加强企业文化建设的热潮。20 世纪 90 年代初，随着中国改革开放的不断深化，企业文化开始引起我国企业界和管理学界的注意，我国从南方向北方开始了企业文化的引进与推广热潮。

毋庸置疑，企业文化对日本、欧美和亚洲的经济发展起到了不可低估的作用，成为企业管理的重要部分，成为企业提高核心竞争力的重要途径。

一个国家、一个民族、一个企业的发展与强盛，都离不开强大的文化支撑。世界上没有一个国家、民族、企业由于没有优秀的文化而繁荣，由于没有优秀的文化而发展。恩格斯说过：“一个没有理性思维的民族，是一个没有希望的民族。”从世界各民族文化来看，凡是善于吸收、善于兼容并蓄、善于学习的民族都是朝气蓬勃的，经济发展、社会发展都很好。德国企业受欧洲文化影响，长期形成了讲求信用、严谨、追求完美的行为习惯，他们依然保持自强不息、不断创新、追求卓越的民族精神，出现了一大批国际型企业，像奔驰、西马克、西门子等，使得他们在二战后一片废墟上迅速崛起，成为世界经济强国。胡锦涛总书记到德国访问时，对他们的民族精神给予了很高的评价。

韩国企业发展初期根基薄弱，只能依靠从国外引进的科学技术。20世纪60、70年代，大部分韩国企业通过“模仿战略”，单纯凭借其廉价的劳动力以及规模经济产生的低成本，在经济上发展很慢。从80年代开始，韩国企业开始意识到只有拥有最强的技术力才有可能拥有最强的竞争力，使韩国企业文化开始注重自主创新，崇尚敢为天下先的创业进取精神，经济社会实现了持续快速发展。

浦项是韩国代表性的企业，他们提倡的精神是“资源有限、人的创造力无限”。按照这个精神，造就了浦项公司的管理哲学、价值观和使命的思想文化基础，成为世界一流的钢铁企业。

中国这些年为什么发展好，发展快，就是贯彻了邓小平改革发展的理论，不断落实科学发展观，始终把先进文化的发展方向作为先导，坚持改革开放，大力提倡自主创新。大家的眼界开了，认识高了，学习的意识强了，中国的发展速度也就加快了。

优秀的企业文化是推动企业持续健康发展的不竭动力。一个国家、一个民族、一个企业的发展与强盛，都离不开强大的文化支撑。世界上没有一个国家、民族、企业由于没有优秀的文化而繁荣，由于没有优秀的文化而发展。

企业之间的竞争首先是企业文化之间的竞争，企业文化的落后是最可怕的落后。开展思想文化创新，加强企业文化建设，看似无形，但它对推动国家进步，民族强盛，企业发展确实有着不可估量的巨大作用。

具体来说，企业文化具有以下作用。

第一，企业文化具有凝聚员工的作用。它可以把员工紧紧地团结在一起，为实现企业的目标而奋斗。企业文化的凝聚力来自于企业根本目标的正确选择。如果企业的目标既符合企业的利益，又符合绝大多数员工的个人利益，实现员工个体与企业集体的双赢，那么这个企业凝聚力产生的利益基础就具备了。第二，企业文化具有很好的感召作用。客户、供应商都愿意与那些产品过硬、讲求诚信的企业合作。第三，企业文化可以变精神为物质。企业文化中所包含的企业与员工利益的趋同，使员工在工作中变被动为主动，形成企业发展的强大动力。第四，企业文化具有很强的激励作用。企业文化所形成的文化氛围和价值导向是一种精神激励，能够调动与激发职工的积极性、主动性和创造性，把人们的潜在智慧诱发出来，使员工的能力得到全面发展，增强企业的整体执行力。第五，企业文化对提高企业竞争力有重要作用。一个好的企业文化，员工工作有热情，可以使生产效率提高、技术不断进步、产品满足市场需要等，从而提高企业竞争力，增加企业的效益，促进企业长久、健康发展。

第二节 企业文化建设的原则

企业文化是有着其实在的内涵的，也就是企业文化建设要融入到企业的各项活动中，既要把企业提出的价值理念转化为员工的价值共识，又要把企业文化融入到企业的战略、方针、经营、制度以及员工的各项行为准则之中。这样，才能使企业文化落到实处，最终形成员工自我约束、自我控制的机制，才能建成成功的企业文化。

那么企业文化建设要体现哪些原则呢？

一、要体现“以人为本、回报社会”的原则

在首钢企业文化建设中，首钢人把“以人为本、回报社会”作为首钢企业文化的核心价值追求。现代管理的中心是人，其管理的核心是发挥人的主观能动性。因此，就是要在企业文化建设的过程中充分挖掘、发挥、调动人的积极因素，使人成为组织管理的主体并发挥主导作用，促进员工实现人生价值，并全面发展。企业在其企业文化建设中要体现企业价值，实现人格化、人性化管理，真正做到理解人、尊重人、启发人、关心人，为员工营造温暖、舒心、优美的工作环境，创建和谐的人际关系，营造一种适合于员工发展的氛围，激

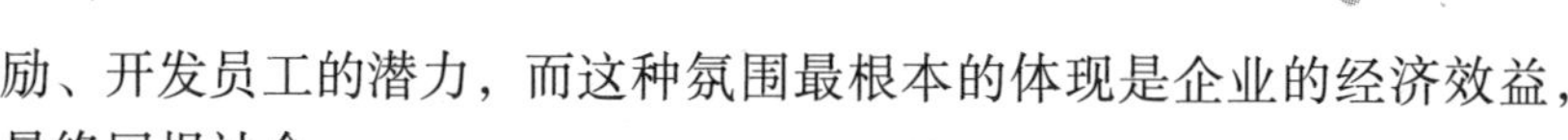

励、开发员工的潜力，而这种氛围最根本的体现是企业的经济效益，最终回报社会。

二、要坚持创新发展、培育优秀团队的原则

创新是企业发展的永恒主题，没有创新企业便难以可持续发展。

企业的创新是多方面的，包括产品创新（服务创新）、技术创新、管理创新、市场创新等。

产品创新（服务创新）就是在产品和服务方面不断满足客户日益增长的需要。唯有如此，企业才可以保持市场份额的相对稳定，争取更多的客户，不断获取利润，实现自身发展。

管理也需要创新。企业管理中涉及的各项职能都会随着企业和市场的发展不断变化。因此，职能要变、方法要变，这就需要某种程度的管理创新。一个典型的例子是营销创新，包括采取怎样的营销政策、选择怎样的营销渠道、是否以及如何开展促销工作等，这些问题都需要在实际工作中审时度势地创新性解决。

企业组织创新是指随着生产的不断发展而改变现有的组织形式或产生新的企业组织形式，如股份制、股份合作制、基金会制等。换句话说就是改变企业原有的财产组织形式或法律形式使其更适合经济发展和技术进步。企业通过组织创新将企业资源进行重组与重置，采用新的管理方式和方法使企业发挥更大效益的创新活动。

企业技术创新包括：生产工艺创新、产品性能结构创新、设备性能升级改造、新产品研发等。通过技术创新改进质量、提高效率、开发新产品等，以提高企业的核心竞争力。企业通过市场创新，改变市场开拓理念、市场经营模式、业务模式等，实现客户群体的稳定和增长，把各类潜在的客户变成现实的客户。

创新不仅需要观念的变化，还要有创新必需的知识储备、创新必需的工具。因此，在创新中就必须抓好企业学习型组织建设。

所谓学习型企业就是以共同的愿景为基础，以团队学习为特征，以增强企业的学习力为核心，提高群体智商，使员工自我超越、不断创新，最终实现企业财富速增、服务超值的目标。通过学习型组织的创建，增加员工进行创新必备的知识；通过学习型组织的创建，改变

员工的观念，解放员工的思想，为创新奠定思想基础；通过学习型组织的创建，让员工掌握必备的创新工具；通过学习型组织的创建，培养员工的团队协作精神，培养和谐的内部氛围，提升企业的竞争力。

三、要坚持学习借鉴与自身特色相结合的原则

每个企业由于其自身经营的特点、地理环境的特点、周围人文环境的特点，加上企业高层领导的思维模式和行为模式的影响，使得每个企业在企业文化建设方面都有着不同的特点。

然而，这并不是说企业文化建设不可以向他人学习借鉴，国内外有很多企业在企业文化建设方面的经验都值得我们借鉴。在学习他人企业文化建设经验的时候，要结合企业的具体情况和实际有取有舍。一定要注意，对他人经验的学习仅仅是借鉴，不是照搬，否则会水土不服，难以持久。

案例 1：

首钢企业文化建设的作用。

企业文化建设是首钢发展的强大推动力。

第一，它是首钢打好各项工作基础的需要。当前首钢的改革发展已经进入了一个新的关键时期。推进首钢战略性结构调整，实现全面健康持续发展，必须上下同心，统一思想，统一意志。只有打好思想文化基础，才能为打好制度创新基础、经济技术基础和人才建设基础提供动力和保证。

第二，它是实现首钢长远发展战略目标，建设 21 世纪新首钢的需要。实现首钢的长远发展目标，对广大首钢职工的精神状态、思想观念、行为方式等都提出了新的更高的要求。只有不断推进文化创新，始终保持与时俱进的精神状态，才能用新思路、新观念、新办法迎接新挑战，解决不断出现的新矛盾和新问题。

第三，它是落实科学发展观，坚持以人为本，实现人与企业共同发展的需要。随着首钢大力发展钢铁主业，做强做大其他产业，通过区域结构、资本结构、产业结构、人力资源结构的优化和调整，首钢新的产业格局已经形成。下一步，首钢将要下大力量，建设适应新的

产业格局的企业文化，以新时期首钢优秀文化为指导，对新建企业打造能适应首钢发展的、素质优秀的职工队伍。

案例 2：

2005 年以来，首钢在不断深化改革，加快发展，积极推进战略性结构调整和实现伟大转型中，始终坚持建设适应首钢发展需要的、新时期的首钢文化。首钢面对新形势、新任务、新挑战，坚持思想文化创新，认真贯彻落实首钢党委一系列关于企业文化建设的指导性文件，不断打造优秀的企业文化。他们通过大力弘扬“自强开放、务实创新、诚信敬业”的首钢精神；树立优秀经营理念；有力地推动首钢改革创新发展。首钢通过思想文化创新，使干部职工思想得到大解放，观念得以大更新，展现出从未有过的精神面貌。由此推进了管理创新和技术创新，搭建快速发展的新平台，为企业发展增添了新动力。从他们在企业文化建设中一些基层单位的变化，充分反映出了企业文化在推动企业解放思想、转变观念、开拓创新、加快发展、增强企业凝聚力，以及提高职工队伍素质和综合实力上的重大作用。

启示：

通过首钢的企业文化建设活动，我们发现搞好思想文化创新，不管是从一个国家、一个民族看，还是从一个企业看，加强文化建设，提倡一种精神，培育一种先进的价值取向，是一种强国、固本、民族振兴、推动生产力发展的巨大力量。它决定着一个国家、一个民族、一个企业的兴衰成败。首钢用自身的实践证明了这点。

第三节　对企业文化的理解

企业文化是企业在长期的生产经营活动过程中所创造和自觉形成的具有本企业特色的精神。它包括企业的物质文化和精神文化两个层面，具体地说它包括：企业价值观、企业道德标准、员工行为规范和文化素质，以及蕴涵在企业制度、企业形象和企业产品之中的文化特色。其中，价值观念是企业文化的核心内容。

在理解企业文化的定义时，要注意以下几个问题：

第一，企业文化是企业在长期的生产经营实践中所创造和形成的。

它包含三层意思：第一层，文化是一种历史现象，企业文化也不例外。它是企业在生产经营过程中，逐步将自己的价值观、规范和制度积淀下来的，这是一个长期的积累过程。第二层，企业文化是在企业的实践过程中产生的，它来自于企业的实践，是企业在实践中检验企业文化的优劣，不断改进完善而形成的，没有长期的实践就不可能形成文化，任何一种文化的形成概不例外。第三层，企业文化是企业全体人员的共同努力，具有全员性，是包括企业领导人在内的企业全体员工共同创造的成果。

第二，企业文化一定是具有本企业特色的。不同的民族有着不同的文化，不同的地区有着不同的文化，凡此等等。企业文化也是如此，不同国家，制度不同、文化背景不同、企业背景不同、运营状况不同、企业家的素质不同，诸如此类，都对企业文化造成影响。比如，体现同仁堂企业价值观的同仁堂店训：“炮制虽繁必不敢省人工，品味虽贵必不敢减物力”、美国的硅谷精神“容忍失败，鼓励冒险”等都体现着各自企业的精神文化特色。

第三，企业文化是全体员工所创造和自觉形成的。这里重点是企业文化一定是全体员工所认可的，只有认可才能变成自觉的行动。这就要求企业中个人的思想行为与企业的利益相关联，即个人的价值观与企业价值观的一致，或者说企业与员工的共同发展。

第四，企业文化塑造是一个系统工程，它包括企业价值观念、道德标准、行为规范、员工文化素质，以及蕴涵在企业制度、企业形象和企业产品之中的文化特色。这几个方面是相互依存、不能分割的一个整体。

第五，价值观念是企业文化的核心内容。企业价值观是作为企业人的一种共同的规范体系和行为取向，它是人格化了的企业对生产经营活动所做的总体评价、总体审度，是企业人的共同信念和是非标准，是企业全体员工一致赞同的关于企业意义的终极判断。

第二章

企业文化的内容及其解读

企业文化通常是由企业的理念文化、企业的制度文化、企业的行为文化、企业的物质文化四个层次构成的。具体地来说包括现代企业愿景、现代企业价值观、现代企业精神、现代企业制度文化、现代企业伦理道德、现代企业品牌文化、现代企业安全文化、现代企业礼仪文化、跨国企业文化以及现代企业文化传播等。

比如，首钢企业文化体系是由以下八个方面构成：

企业愿景目标，共同价值追求，企业精神，企业理念，企业作风，企业道德，企业形象，企业标识。

第一节　现代企业愿景目标的概念及内容

企业愿景是一个企业在一定时期内的前进方向或目标，是企业未来 10～30 年欲实现的宏大愿景目标及对它的现实描述。

一般来说，企业愿景包括核心信仰和未来前景两部分。其中，核心信仰包括核心价值观和使命。这种价值观和使命规定了一个企业的基本价值观和存在的理由，它是一个企业的信仰，是体现一个企业走向和凝聚人心的灯塔。这种核心信仰必须被企业的各级领导和成员所接受而不是少数人的一厢情愿。这种信仰的形成需要一个过程，是在成员不断的冲突中达成的共识。所以，这个信仰本身就是冲突的产物，就是矛盾的统一体。

既然企业愿景是一种共识，是一个方向，因此企业愿景的设定就要包括企业的目的和企业的使命。

企业目的就是企业存在的理由，即企业为什么要存在。一般来说，有什么样的企业目的，就有什么样的企业理念。正确的企业目的会产生良好的理念识别，并引导企业的成功；错误的企业目的会产生不良的理念识别，并最终导致企业的失败。

明确企业使命。企业使命和企业宗旨是同义语，是在企业经营理念指导下，企业为其生产经营活动的方向、性质、责任所下的定义。它是企业经营哲学的具体化，集中反映了企业的任务和目标，表达了企业的社会态度和行为准则。现代企业的最高使命是其应该具有的社会责任感。它要求企业不仅要考虑到自身的利益，而且能够承担起自己的社会责任，包括企业的社会使命、企业的社会服务、企业的社会产品、企业的社会利益以及企业的行为定位等，简言之，就是企业对各种不同的社会利益集团和群体所承担的道义上的责任。

案例：

在首钢的理念文化中，首钢确立了集团公司到2020年的企业愿景目标，即：2015年进入国内一流钢铁企业集团行列，2020年进入国际一流钢铁企业集团行列，把首钢建成具有世界影响力的综合性大型企业集团。

首钢的愿景目标是首钢人多年来在实践中达成的一种共识，表达了未来五到十年全体首钢人共同的愿景目标，是引领全体首钢人团结奋进的旗帜方向，是激励全体首钢人开拓创新的信念力量。在这个共同愿景目标的引领下，全体首钢人才会统一思想、振奋精神、齐心协力、拼搏进取，共同建设21世纪新首钢。

在首钢人的共同价值追求中，首钢提出了“首钢服务、首钢品牌、首钢创造”的价值理念。

首钢公司提出“首钢服务、首钢品牌、首钢创造”价值追求，就是要通过打造综合服务商，与客户共同创造价值，全面提高服务客户的水平和能力，在实现价值追求的过程中积极推进品牌战略实施，以技术、质量、服务、诚信等要素培育首钢品牌内涵，提升首钢品牌知名度和美誉度。同时，着力提高自主创新能力和管理效率，在专业技术、管理制度、体制机制上勇于突破和创造，创出首钢特色和经验。全体首钢人正是在这个共同价值追求引领下来积极建设首钢主流文化，推进企业愿景目标的实现。

启示：

企业的理念文化就是企业价值观的一种形式，它是指导企业开展生产经营活动的群体意识的价值观念。实践已经证明，正确的经营理念，可以激发全体员工崇高的使命感和奋力工作的干劲。因此，经营理念对于企业来说非常重要。虽然对于企业来说，技术力量、销售力量、资金力量以及人才等都很重要，但最根本的还是正确的经营理念。只有在正确的经营理念的基础上，才能真正有效地使人员、技术和资金发挥作用。

第二节　企业价值观的概念及内容

一、价值观与企业价值观

对于每一个人而言，都会有世界观、价值观和人生观。世界观也称宇宙观，是人们对整个世界的总的看法和根本观点，它是人们在长期的社会实践中逐渐形成的。价值观作为世界观的一部分，是指一个人对周围的客观事物（包括人、事、物）的意义、重要性的总评价和总看法。人们对诸事物的看法和评价在心目中的主次、轻重的排列次序，就是价值观体系。价值观和价值观体系是决定人的行为的心理基础。

价值观是社会成员用来评价行为、事物以及从各种可能的目标中选择自己合意目标的准则。价值观通过人们的行为取向及对事物的评价、态度反映出来，是世界观的核心，是驱使人们行为的内部动力。它支配和调节一切社会行为，涉及社会生活的各个领域。

对一个企业而言，企业也有其价值观，如前面所说，它是一个企业的信仰，决定了企业对诸事物的看法和评价，决定了企业为什么要存在，按什么规则去行事，以及企业对待客户、供应商行为的主次、轻重的排列次序。

企业是社会经济的基本单位，虽然对企业价值已基本形成共识，但在行为方式上，对企业生存和发展的意义及目的并没有形成一致的方式，这至少说明一些企业的领导人在这方面并没有形成相同的认识。有的企业认为赢利是企业经营的唯一目的；有的企业把完成上级（国家）下达的生产经营任务或各项经济指标作为追求的目标；有的企业以提高社会效益为中心；有的企业则以养活员工，改善员工的生产经营、工作、生活条件为目标等。

对同一事物有不同的理解和看法，反映了不同的价值观。日本的一位学者认为，价值观就是如下一种系统的观念：在选择各种行为方式、手段和目的时此观念足以产生影响，使选择者自认为其选择是"最理想"的状态。从广义上讲，价值观包括一个人的向往、爱好、需要、兴趣、选择、责任和道德义务等内容。它体现为一个比较广的选择行为方式的范围，以及对这些行为的好坏、对错等的评价标准。从狭义上讲，价值观是人们对事物意义大小的分级、分类或评定的方式以及评定的标准或准则，它是存在于个人内心的最本质的观念。

案例：

企业道德是企业价值观一个重要内容。首钢人的企业道德是：诚信为首，精品为纲。

"诚信为首"，就是首钢人要把诚实信用放在做人做事的第一位；"精品为纲"，就是首钢人要始终勇争一流、创造精品。全体首钢人要恪守"诚信为首、精品为纲"的企业道德，以虚心、诚心、用心的态度，老老实实做人，认认真真做事。

二、企业价值观

企业价值观是指企业在追求经营成功过程中所推崇的基本信念和奉行的基本准则。价值是一种主观的、可选择的关系范畴。一个事物是否具有价值，不仅取决于它对什么人有意义，而且还取决于谁在做判断。不同的人很可能做出完全不同的判断，如一些企业认为企业的价值在于致富、利润、服务或者育人，那么，这些企业的价值观分别可称为"致富价值观"、"利润价值观"、"服务价值观"、"育人价值观”等。对于任何一个企业而言，只有当企业内绝大部分员工的个人价值观趋同时，整个企业的价值观才可能形成。与个人价值观主导人的行为一样，企业所信奉与推崇的价值观是企业的日常经营与管理行为的内在依据。企业价值观是艰苦努力的结果，是把所有员工联系在一起的纽带，是企业生存发展的内在动力，是企业行为规范制度的基础。无数例子证明，企业价值观建设的成败，决定着企业的生死存亡。因而，成功的企业都很注重企业价值观的建设，并要求员工自觉推崇与传播本企业的价值观。为了让企业员工了解企业的价值观，价值观应该用具体的语言表示出来，而不应该用抽象难懂、过于一般化的语言来表示。

案例：

首钢人在长期的实践中，形成了首钢人的价值体系，以下的首钢理念就是首钢企业价值观的良好体现。

“文化是企业灵魂”的文化理念；

“学习、工作、生活一体化”的学习理念；

“人才资源是第一资源”的人才理念；

“安全、顺稳、环保，低成本生产高端高效产品”的生产理念；

“科学严谨、系统优化、精细精准”的管理理念；

“珍爱生命、遵守规程”的安全理念；

“自警自律、公开公正”的廉洁理念；

“与客户共发展”的营销理念；

“人人是企业形象”的形象理念；

“首钢——首选之钢”的品牌理念。

第三节　现代企业精神

一、企业精神的解释

按照唯物主义哲学的观点，认为在意识与物质之间，物质决定意识，意识是客观世界在人脑中的反映。也就是说“物质第一性、精神第二性，世界的本原是物质，精神是物质的产物和反映”。

换句话说，精神是高度组织起来的物质即人脑的产物，是人们在改造世界的社会实践活动中通过人脑产生的观念、思想上的成果。人们的社会精神生活即社会意识是人们的社会物质生活即社会存在的反映。但是，精神又具有极大的能动性，通过改造世界的社会实践活动，精神的东西可以转化为物质的东西。

这里我们要理解，精神虽然是对客观世界的反映，是第二性的，但绝不是说精神是被动的。精神通过实践能动地反映世界，又通过实践能动地改造世界。

企业精神是企业文化的灵魂，一个没有精神的企业是很难长久发展的，无数事实证明了这一点。那么到底什么是企业精神呢？有人认为它是企业全部的精神现象和精神活力。有人把它同企业价值观念等同起来。这些认识都没有抓住企业精神的实质。所谓企业精神，是企业员工所具有的共同内心态度、思想境界和理想追求，它表达着企业的精神风貌和企业的风气，主要是指企业经营管理的指导思想。在美国称之为“企业哲学”，在日本称之为“社风”。

我们可以这样说：企业精神是企业全体员工在长期的生产经营过程中，通过正确价值观念体系的培育和不同文化的碰撞所逐步形成和优化出来的群体意识。它代表和反映着企业整体的追求和意志，是企业价值观念、企业哲学的综合体现，也是企业的精神支柱。

企业精神作为企业文化的一部分，如同企业文化一样，是不可复制的。也就是说，各个企业都具有自己的企业精神。

对企业精神可以从以下几个方面去理解。

一，企业精神是一个企业集体的产品，不是个人的产品。也就是说，企业精神由全体员工在实践中产生，又成为全体员工的精神。这里要特别强调，企业领导人对企业精神的培育有着不可替代的重要作用，它一般是由企业领导人加以凝练、倡导和垂范的。

二，企业精神各具特色，有着各自企业的鲜明特点，即个性。由于企业哲学、价值观念、行为准则、道德规范的不同，企业精神也必然各有特点。这意味着企业精神不是通过参观或学习就可以学到的，它与企业的特点、所处的环境等有着密切关系。同时优秀的企业精神又有着一些相同之处，即共性。企业精神的共性特征是指企业精神对企业全体职工信念和追求的高度概括，同时又使这种共同信念和追求根植于每个职工的心中，从而产生共同的思想和行为。

三，企业精神代表着企业全体员工的精神状态、思想境界和理想追求。它不是少数人的意志，更不是个别领导即兴提出的几个口号。

四，企业精神是通过企业的宗旨、战略目标、经营方针以及员工的行为等表现出来的，有着具体而实在的内容。

二、企业精神的主要内容

企业精神包括三个内容：

(1) 员工对本企业的特征、地位、形象和风气的理解和认同；

(2) 由时代精神与企业优良传统及企业个性融和所形成的共同信念、作风和行为准则；

(3) 员工对本企业的生产、发展、命运和未来抱有的理想和希望。

具体地说，企业精神的内容包括主人翁精神、敬业精神、团队精神、竞争精神、创新精神、服务意识等。

三、企业精神的特征

企业精神具有以下基本特征：

(1) 客观现实性。企业生产力状况是企业精神产生和存在的依据，企业的生产力水平及由此带来的员工、企业家素质对企业精神的内容有着根本的影响。很难想象在生产力低下的条件下，企业会产生表现高度发达的商品经济观念的企业精神。同样，也只有正确反映现实的企业精神，才能起到指导企业实践活动的作用。企业精神是企业现实状况、现存生产经营方式、员工生活方式的反映，这是它最根本的特征，离开了这一点，企业精神就不会具有生命力，也发挥不了它应有的作用。因此，企业应当从实际出发，遵循客观规律，注意实际意义，切忌凭空设想和照搬照抄。求精精神就是要求企业经营上高标准、严要求，不断致力于企业产品质量、服务质量的提高。

(2) 群体共识性。它是全体员工共同拥有、普遍掌握的理念。

只有当一种精神成为企业内部的一种群体意识时，才可认作是企业精神。企业的绩效不仅取决于它自身有一种独特的、具有生命力的企业精神，而且还取决于这种企业精神在企业内部的普及程度，取决于是否具有群体性。

（3）稳定性和动态性。企业精神一旦确立，就相对稳定，但这种稳定并不意味着一成不变了，它还是要随着企业的发展而不断发展的。企业精神是对员工中存在的现代生产意识、竞争意识、文明意识、道德意识以及企业理想、目标、思想都具有稳定性。但同时，形势又不允许企业以一个固定的标准为目标，竞争的激化、时空的变迁、技术的飞跃、观念的更新、企业的重组，都要求企业做出与之相适应的反应，这就反映出企业精神的动态性。稳定性和动态性的统一，使企业精神不断趋于完善。

（4）独创性和创新性。每个企业的企业精神都应有自己的特色和创造精神，这样才能使企业的经营管理和生产活动具有针对性，让企业精神充分发挥它的统帅作用。企业财富的源泉蕴藏在企业员工的创新精神中，企业家的创新体现他的战略决策上，中层管理人员的创新体现他怎样调动下属的劳动热情上，工人的创新体现他对操作的改进、自我管理的自觉性上。任何企业的成功，无不是其创新精神的结果。

（5）时代性。企业精神是时代精神的体现，是企业个性和时代精神相结合的具体化。优秀的企业精神应当能够让人从中把握时代的脉搏，感受到时代赋予企业的勃勃生机。在发展市场经济的今天，企业精神应当渗透着现代企业经营管理理念、确立消费者第一的观念、灵活经营的观念、市场竞争的观念、经济效益的观念等。充分体现时代精神应成为每个企业培育自身企业精神的重要内容。

四、企业精神的作用

企业精神是企业之魂，一旦形成就会产生巨大的有形力量，对企业成员的思想和行为起到潜移默化的作用，从而促进企业发展。由于现代商品中的文化含量、文化附加值越来越高，由文化所产生的经济效益和社会效益也越来越高，因此，必须充分认识企业精神在塑造企业形象中的作用，发挥其特有的导向、凝聚、教育和约束作用，才能在竞争日益激烈的市场中占据一席之地。

（一）导向作用

企业精神不仅是一个企业的精神支柱，而且体现着一个企业在社会中确立良好形象的战略意识，它一旦转化为企业员工的内在需要和动机，就会产生目标导向作用，企业员工就会时时以企业精神为标杆来衡量和调整自身的行为，以符合企业的基本要求。企业的一切活动，包括企业目标、企业规章制度、企业形象以及企业经营管理活动等都是围绕企业精神展开的。

案例：

首钢集团旗下的长治钢铁公司在“开拓、进取、求实、创新”精神的统率下，提出了“争第一有奖，夺红旗有功，创一流光荣”的口号；形成了“正当经营、正当收益”的经营哲学；确立了“三基”（基础工作、基层建设、基本功训练）为本，以优（优秀的人才、优质的产品、优良的服务、优化的管理）取胜，从严（严密的组织、严明的纪律、严肃的态度、严细的作风、严格的要求和考核）治厂的治厂方针；树立了“为人民服务，尽社会责任，做‘四有’员工，当‘五爱’公民”的道德规范。

（二）凝聚作用

企业精神为全体员工提供了共同的价值观，因此它对企业员工有着巨大的内聚作用。这种巨大的凝聚作用可以使成员产生强烈的情感共振，使企业成员产生对组织的向心力，产生自豪感、使命感、认同感和归属感，从而滋生高昂的士气和协作意愿，释放出巨大的组织能量，有利于实现企业的目标。

企业精神作为一种精神动力和精神支柱，就是对员工的意识和感情加以积极的引导，用精神的力量说服人、吸引人、团结人、鼓舞人，形成合力。企业精神促使员工自我约束，自觉遵守，强调自律行为，变被动为主动，变外力推动为内力推动。它能排除一些人为的阻碍企业发展的摩擦，建立融洽的人际关系。企业精神能使人们在为实现共同目标的实践中彼此尊重、相互学习。这种为员工所接受的企业精神会把企业员工的事业心和荣誉感与企业的命运紧紧地融合在一起。

（三）教育作用

它有两方面的含义。第一，从内容上讲，企业精神的教育作用就在于形成企业员工共同信奉的价值观念。第二，从途径上讲，企业精神为做好新时期思想政治工作提供了新途径。思想政治工作的根本任务是培育高素质的新人，而培育企业精神的过程是以先进的文化改造人的世界观的过程，也是对企业管理理念和价值观去粗取精、去伪存真的过程，它们在方法、途径、目的上有很多共同点，因此调整培育健康正确的企业精神能够促进思想政治工作的实效，使企业文化更好地为企业的生产经营服务。

（四）约束作用

企业精神的核心内容是价值观，它能够衍生出严格的行为规范和道德标准，对员工的行为起到规范和约束作用。比如体现同仁堂企业精神的店训“炮制虽繁必不敢省人工，品味虽贵必不敢减物力”，不仅成为每一名同仁堂员工的座右铭，同时也形成同仁堂每一名员工的自我约束力。正是同仁堂人继承中华民族优秀传统文化，严格恪守这种企业精神，才使得同仁堂创造出了许多广大消费者放心的精品良药，确保了同仁堂金字招牌熠熠生辉。

（五）促进作用

企业精神能促进企业发展的可持续性。企业精神对企业有着承前启后、世代相传、不断创新、万古长青的促进作用。铁打的营盘流水的兵，企业在发展的过程虽然人员不断更替，但企业精神却一代一代地传承下来，并不断随着时代的发展而发展、升华。

案例：

首钢的企业精神：“创新、创优、创业”。

“创新”就是把握时代脉搏、不断解放思想，以提高自主创新能力为核心、管理制度创新为动力、人才队伍建设创新为保障，促进各项工作不断实现新突破；

“创优”就是把握科技进步和市场规律，不断优化管理制度、指标体系、产品产业结构、各种资源配置，在实施新首钢发展战略中不断实现新超越；

“创业”就是承担历史使命、振兴民族产业、实现产业报国，为社会进步贡献力量、为职工发展提供舞台，在建设新首钢过程中不断实现人与企业共同发展。

2005 年，国务院批复了首钢搬迁调整规划。首钢京唐钢铁联合有限责任公司正式成立，首钢“十一五”规划制定实施。首钢率先进行的都市大型钢铁企业向沿海转移的搬迁调整，在中国乃至世界都没有先例。面对新形势新任务，首钢党委清醒地认识到：要完成这一光荣而神圣的历史使命，要适应未来发展的要求，要赢得更大的发展空间，首钢人必须站在一个新的起点上，加强思想文化创新，开展新一轮的思想大解放。

2006 年初，一场规模大、范围广、人数多的企业文化全员培训首先拉开了首钢人新一轮思想解放的帷幕。“更新、更快、更精、更强”是新一轮思想解放的着力点，“创新、创优、创业”成为首钢企业文化建设的新要求。新一轮思想解放使广大干部职工在继承优良传统的基础上，不断与时俱进，从而进一步统一了思想、提高了认识。

2007 年，在史无前例的战略性搬迁调整中，首钢党委始终坚持以科学发展观为指导，以“创新创优创业，建设 21 世纪新首钢”为价值追求，坚定不移地推进先进文化建设。首钢把弘扬长征精神与首钢搬迁调整的实际相结合，引导干部职工树立知难而进、争创一流，只争朝夕、开拓进取，百折不挠、拼搏奉献，博采众长、学习创新，科学严谨、精益求精的“新长征五种精神”。同时通过开展丰富多彩的文化实践活动，达到了“为创新增添智慧，为创优注入动力，为创业点燃激情”，深入推进首钢新时期企业文化建设，打造首钢文化软实力的目的。

2008年，首钢党委明确指出要通过深入学习贯彻党的十七大精神，围绕首钢改革发展的重大问题进一步解放思想，进一步加强企业文化建设，为首钢创新创优创业注入新的动力。领导干部解放思想研讨班吹响了首钢新一轮解放思想的号角，干部职工在解放思想中真抓实干，在转变观念中破解难题，在更新思路中转变发展方式，把解放思想体现在具体工作中，落实在解决问题上。在解放思想中赋予了“创新、创优、创业”新的内涵，提出“为创新深入对比思考，为创优找准目标定位，为创业定准措施、练好基本功”，在创新、创优、创业中放开视野、放开胸怀，认知自己、认知别人、认知大势，理性思考。

从承包制阶段提出“敢闯、敢坚持、敢于苦干硬干”，到新的发展阶段推进“创新、创优、创业”，首钢文化一脉相承，又不断丰富发展，“三敢”、“三创”已成为首钢血脉相承的优秀文化精髓。

2009年，为应对国际金融危机和战略转型的双重压力与挑战，首钢党委明确提出要继承和发扬优秀文化传统，坚持弘扬“创新、创优、创业，建设21世纪新首钢”的核心价值追求。在此基础上，深入解放思想，赋予“三创”新内涵，提出“为创新加强学习开拓视野，为创优精细管理赢在执行，为创业攻关破难追赶先进”，形成了“虚心学习、潜心研究、齐心攻关”的浓厚氛围。开展了庆祝建国60周年和首钢建厂90周年等一系列文化活动，引导干部职工继承光荣传统，弘扬首钢精神，在全公司形成了开拓进取、拼搏奉献、争创一流的文化氛围。

2010年，面对市场严峻形势和北京钢铁主流程全面停产的考验，首钢党委提出要加强企业文化建设，促进首钢战略目标的实现。“为创新转变发展理念、认清形势、统一思想；为创优瞄准先进、潜心研究、用心执行、矢志不渝；为创业认清资源、定准目标、选好路径；为建设新首钢坚守奉献、永不懈怠、促进转型发展”成为首钢“创新、创优、创业”的新要求。首钢人在丰富多彩的实践中，打造了“敢为人先的创新精神”，培育了“与时俱进、敢于创新、开放合作、求真务实、人才为本”的思想文化，促进了人与企业共发展。

2011年，为进一步适应新形势新格局新任务的要求，首钢党委制定颁发了《中共首钢总公司委员会关于加强企业文化建设的指导意见》，把“首钢服务、首钢品牌、首钢创造”作为引领首钢科学发展的纲领性要求，弘扬“创新创优创业”的企业精神，树立“诚信为首，精品为纲”的企业道德，持续深入地推进企业文化建设。为创优找准目标、精细苛求，运用科学方法和工具，加速追赶先进；为创业抓住机遇、利用优势，加速提高发展质量和竞争力，成为首钢“创新、创优、创业”的新要求，持续深入的“三创”活动，为首钢转型发展注入了新的动力。“越是基层越精彩”，各单位把先进文化融入到日常生产经营活动中，以打造“三个首钢”综合竞争力的实践不断丰富首钢企业文化内涵，引领首钢转型发展。

2012年是首钢创新驱动转型发展的关键时期，首钢党委提出要以打造“首钢服务、首钢品牌、首钢创造”综合竞争力引领各项工作。打造“三个首钢”综合竞争力是实施首钢发展战略的纲领性要求，是引领各项工作的主线，是首钢的核心价值追求。我们坚信，具有光荣传统又富有创造力的首钢人，在“三个首钢”核心价值追求的引领下，一定会变压力为动力，化挑战为机遇，坚定信心、振奋精神、群策群力、攻坚克难，为建设有世界影响力的综合性大型企业集团而努力奋斗！

2013年是全面贯彻落实党的十八大精神的开局之年，是首钢深入推进转型发展的关键之年。首钢党委提出要贯彻党的十八大“文化强国”和“加强社会主义核心价值体系建设”的要求，结合首钢实际，就是要持续推进“创新、创优、创业”活动，坚持“首钢服务、首钢品牌、首钢创造”核心价值追求，以开放的视野实现首钢伟大的转型。我们坚信，具有光荣传统又富有创造力的首钢人，在“三个首钢”核心价值追求的引领下，一定会变压力为动力，化挑战为机遇，同心同德、凝心聚力、攻坚克难、开拓进取，为首钢建成具有世界影响力的综合性大型企业集团而努力奋斗！

第四节 现代企业制度文化

企业制度文化是企业为实现自身目标对员工的行为给予一定限制的文化，它具有共性和强有力的行为规范的要求。企业制度文化的规范性是一种来自员工自身以外的、带有强制性的约束，它规范着企业的每一个人。它包括企业工艺操作规程、厂规厂纪、经济责任制、考核奖惩制度等。

企业文化必须通过企业制度来体现，而企业制度也是体现企业文化的一个重要方面。企业制度文化作为企业文化中人与物、人与企业运营制度的中介和结合，是一种约束企业和员工行为的规范性文化，它使企业在复杂多变、竞争激烈的环境中处于良好的状态，从而保证企业目标的实现。因此，企业制度文化在企业建设和发展过程中都起着重要的作用。

制度是精神文化的基础和载体。企业制度的建立，影响人们价值观念的选择，成为新的精神文化的基础。企业文化总是沿着精神文化—制度文化—新的精神文化的轨迹不断发展、丰富和提高。

制度是企业文化得以贯彻的保证。同企业员工生产、学习、娱乐和生活等方面直接发生联系的行为文化建设得如何，企业经营作风是否具有活力、是否严谨，精神风貌是否高昂，人际关系是否和谐，员工文明程度是否得到提高等，无不与制度的保障作用有关。

总之，一个完善、合时宜的企业制度文化，能规范员工行为，使企业各项工作有章可循，提高管理效率与质量，形成一个良好的企业文化。加强企业制度文化建设，能够从根本上解决企业经营中不协调、不统一的问题，能够有效地提升企业的管理水平，提高企业的经营效益和效率。

企业制度文化是企业活力的重要来源。企业制度文化的核心是通过制度对员工的约束达到劳动效率的提高、产品质量的提高，从而维护客户和企业员工的利益。譬如，首钢集团各生产企业规定，员工进入厂区必须着工装、进入生产现场必须戴好安全帽、进入作业区必须穿劳保服。在这条制度中，有对员工安全的考虑、有对员工行为习惯

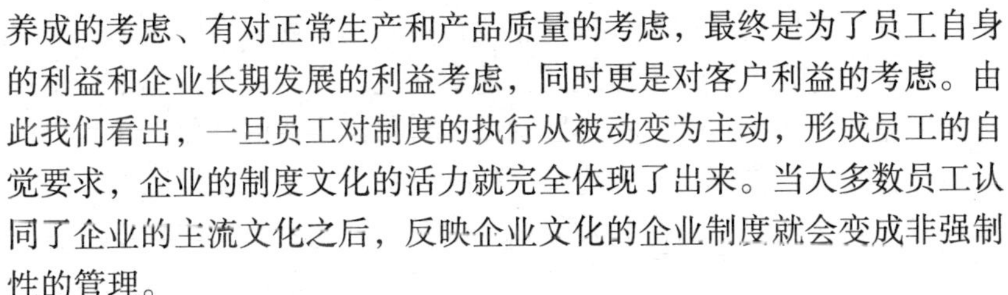
养成的考虑、有对正常生产和产品质量的考虑，最终是为了员工自身的利益和企业长期发展的利益考虑，同时更是对客户利益的考虑。由此我们看出，一旦员工对制度的执行从被动变为主动，形成员工的自觉要求，企业的制度文化的活力就完全体现了出来。当大多数员工认同了企业的主流文化之后，反映企业文化的企业制度就会变成非强制性的管理。

案例：

比如首钢在近百年来的实践中形成了具有首钢特色的一系列规章制度和业务流程，形成了自觉协作的习惯，形成了诸如“三规一制”等良好的优秀制度。这一系列的制度文化，使得首钢在钢铁行业的激烈竞争中立于不败之地。

党的十一届三中全会召开后，首钢迎来了改革腾飞的新时期。1979 年，首钢人以“敢为天下先”的精神，作为国家确定的第一批试点单位，率先实行了承包制。在管理上坚持从严治厂，严格执行“三个百分之百”，即必须百分之百地执行各项规章制度；违反了规章制度必须百分之百地登记上报；不管什么原因，无论是否造成损失，都要百分之百地扣除违规违制者当月全部奖金。树立了“包保指标讲先进、三者利益讲全局、遵章守则讲严格、相互配合讲风格、各项制度讲效益”的“五种精神”，发扬“实事求是、严格认真、密切协作、恪尽职守、奋发向上、顽强拼搏”的“六种作风”。在五种精神和六种作风的指导下，首钢实现了突飞猛进的发展，走在了全国的前列。

第五节　现代企业行为文化

一、企业行为文化的概念

企业行为文化是指企业员工在生产经营、学习娱乐中产生的活动文化。它包括于企业生产经营活动、营销活动、日程宣传教育、企业内外的人际关系、文娱体育活动之中。它是企业经营作风、精神面貌、人际关系的动态体现，也是企业价值观的折射。

文化决定行为，行为体现并创造着文化。在企业里，无论是企业行为还是企业人的行为，都不同程度地折射出企业的文化，尤其是一些习惯性行为。实际上，行为背后的文化动因也是千差万别的，有些是自我意识的流露，有些是被动执行的反映，而只有那些真正由企业价值理念支撑下形成的行为习惯，才能具有高效的执行力，并为企业创造源源不断的驱动力。

二、企业行为文化的内容及作用

从广义上理解企业行为，它的行为主体包括两大类：企业和企业人。从狭义上理解企业行为，一般是指企业人的行为，即领导者、模范人物和企业员工群体等的行为。因为，企业作为一个组织，其行为也是由人来执行的。比如，我们讲诚信文化，企业在经营过程中要讲诚信，具体体现为恪守承诺、公平交易、童叟无欺等，它是组织的行为，但是它又要通过具体人的行为来实现。

（一）企业整体行为及其作用

企业整体行为是指那些以企业整体形式表现出来的行为，是指企业为了实现一定的目标而采取的对策和行动。根据行为作用的范围可以分为内部行为和外部行为。企业内部行为包括：教育培训、研究发展、生产管理、人事安排、奖金或福利分配、内部沟通、文体活动等；企业外部行为包括：市场开发、促销活动、广告宣传、招聘活动、资金筹集与股市活动、消费者权益保护、公益活动、环境保护等。企业在参与各种行为活动中，又会形成相应的子文化，如在企业内部活动中，企业会产生诸如安全文化、沟通文化、感恩文化等；在企业外部活动中，会产生诸如诚信文化、品牌文化、责任文化等。

案例：

首钢人在长期的实践中形成了具有首钢特色的“雷厉风行、务实高效、精益求精”的企业作风，也即倡导“雷厉风行、务实高效、精益求精”的优秀作风，那就是要看准的事快定、定下的事快干、干就干出一流水平；知实情、办实事、求实效，比作风、比效率、比质量，服务基层、服务下游、服务全局；严谨认真、持续改进、追求卓越，以可能达到的最高标准做好每项工作。

首钢的企业道德成为了首钢人的行为准则，也即："诚信为首、精品为纲"。"诚信为首"，就是首钢人要把诚实信用放在做人做事的第一位；"精品为纲"，就是首钢人要始终勇争一流、创造精品。全体首钢人要恪守"诚信为首、精品为纲"的企业道德，以虚心、诚心、用心的态度，老老实实做人、认认真真做事。

（二）企业人行为及其作用

企业人行为指企业人的岗位工作表现和作风、非正式企业活动和业余活动等，这里的企业人包括企业的领导者和领导者群体、模范人物和企业员工群体等。把企业人做这样的区分是因为这三类人体现出明显的类别差异和个体差异。

（1）企业领导者和领导者群体行为。企业家行为展现的是企业领导的思维方式和行为方式，在企业发展的不同阶段对企业行为的影响是不同的。在企业发展初期，企业家的个人能量和影响力对于企业的发展起到决定作用，其他成员参与很少。企业家往往把自己的信仰和价值观移植到企业的经营决策活动中，对企业行为和员工行为具有强烈的示范效应，与企业命运休戚相关。

随着企业的发展壮大，企业的核心团队不断融入新的成员，企业家个人的作用逐步弱化，领导者群体的作用在逐渐增强，但是企业家、特别是富有魅力的强势型企业家对企业行为的影响力在中国现实环境中还是非常大的。比如，联想与柳传志、海尔与张瑞敏、华为与任正非……企业家的身体力行和实践倡导是企业行为的重要组成部分，对企业其他群体的行为产生着重要的影响。因此，在行为文化的建设过程中，企业家应该成为先进文化的积极倡导者和模范实践者，起到率先垂范的作用。

（2）模范人物行为。企业模范人物是企业的中坚力量，他们来自于员工当中，比一般员工取得了更多的业绩，是企业价值观的"人格化"显现。员工对他们感觉很亲切，不遥远不陌生，他们的言行对员工有着很强的亲和力和感染力。他们是群体成员学习的榜样，他们的行为常常被群体成员作为仿效的行为规范。企业应该努力发掘各个岗位上的模范人物，大力弘扬和表彰他们的先进事迹，将他们的行为“规范化”，将他们的故事“理念化”，从而使企业所倡导的核心价值观和企业精神得以“形象化”，从而在企业内部培养起积极健康的文化氛围，用以激励全体员工的思想和行动，规范他们的行为方式和行为习惯，使员工能够顺利完成从“心的一致”到“行的一致”的转变。

（3）员工群体行为及其作用。企业员工是企业的主体，也是企业文化建设的主体。只有当企业所倡导的价值观、行为准则普遍为员工群体所认同和接受，并自觉遵守、实践时，才能形成企业文化。员工群体行为即是指各类员工的岗位工作表现和作风、非正式企业活动和业余活动等。由于员工直接为企业生产产品、提供服务、创造效益，他们往往因为在一线与客户、供应商打交道而充当企业形象的直接代言人，在社会公众和顾客的认知世界里员工行为往往被认为是企业整体行为。因此，员工群体行为直接决定着企业的整体精神风貌和文明程度。同时，企业价值观的实现也最终体现在价值观能否贯彻到这些员工的日常工作行为当中，能否贯彻到他们的日常操作和服务行为活动中。

在员工群体行为规范方面，包括礼仪规范、语言规范、工作交往规范、会议规范等，比如，工作沟通中的“三不”原则：“不发牢骚、不言低俗、不论长短”等；上海宝钢公司规定，工作中进行交流时必须使用普通话等。

在员工的岗位行为规范方面，包括各种岗位规程、制度等。比如，企业实施5S管理中的许多内容都与员工的岗位行为规范有关。比如“物品放到应该放的地方”、“工作场所保持干净整洁”等。又比如首钢集团某公司规定，在厂区内行走时不得抽烟、衣服扣子必须系好等。

在会议及公共场合行为规范方面，比如有关会议的各项管理制度，某企业制定了会议纪律“五不准”：“不准迟到早退、不准随意走动、不准随意说话、不准吸烟吃零食随意吐痰、不准使用手机”。

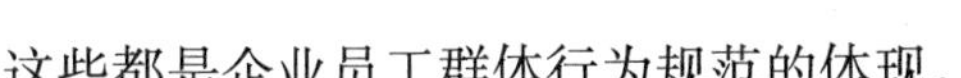
这些都是企业员工群体行为规范的体现。

第六节 现代企业物质文化

企业物质文化是指由企业员工所创造的产品，以及企业生产、销售、生活、文化娱乐等诸方面的环境、条件设施等物质要素的总和。它是企业的物质财富。即企业文化的物质躯壳。它是有形的、直观的，通过这些物质文化形式，人们可以进一步了解和认识企业的形象、精神等深层面的文化内容。

企业文化作为社会文化的一个子系统，其显著特点就是以物质为载体，物质文化是它的外部表现形式。优秀的企业文化是通过产品的开发、服务的质量、产品的信誉和企业的生产环境、生活环境、文化设施等物质现象来体现的。

案例：

在物质文化建设方面，首钢提出了“科技首钢、绿色首钢、人文首钢”的口号。通过塑造“科技首钢、绿色首钢、人文首钢”的企业形象，来着力提高自主创新能力和管理效率，把首钢建成自主创新型、运行高效型企业；全面落实科学发展观，积极推进发展方式转变，把首钢建成资源节约型、环境友好型企业；坚持以人为本，履行社会责任，把首钢建成对职工、客户、社会高度负责的和谐企业。

在企业物质文化方面，首钢创造了自己的企业形象标识，见图1-2-1。

图 1-2-1

首钢“SG”标识从整体上看，似一个具有动感的太阳系中的行星，“S”像一个正在运转的环球卫星，紧紧围绕着一个地球形状的

“G”字。

一是，它象征着首钢是一个特大型的企业集团，企业和产品已跨出国界。

二是，它象征着首钢的宏伟目标是成为国际型名牌企业。

三是，它体现着首钢全体员工团结一致，在发展中不断增添活力，弘扬“创新、创优、创业”的企业精神。

企业班组文化建设

第一节 班组文化的概念

班组，是为了共同完成某项工作任务，而由一定数量的人员在有统一指挥、明确分工和密切配合的基础上所组成的一个工作集体。班组文化就是以班组为主体，在统一的企业文化理念指导下形成的基层文化，它是首钢企业文化的重要组成部分，是首钢企业文化在基层落地的具体体现。

优秀的班组文化对企业的发展具有重要的意义。在建设企业文化的过程中，要做到“文化到员工，管理到班组”。通过加强班组文化建设，可以提高基层员工对企业的认同，增强内部凝聚力，打好企业文化建设的根基。加强班组文化建设，就如“把党支部建在连队上”，可以统一员工思想认识，缓解基层员工的压力，塑造充满活力的企业氛围，提高工作效率。

第二节 班组文化建设的内容

班组文化建设是企业文化建设的重要内容之一，如同每个企业文化一样，班组文化建设有着丰富的内容。在班组文化建设方面，要充分体现首钢企业文化体系的基本内容，要从首钢行为识别系统 BIS 和视觉识别系统 VIS 两个方面体现首钢目标、精神、道德、信念及首钢的企业价值观。

班组文化建设包括物质和精神的两个方面。

首先是塑造班组形象。

班组形象不仅关系着班组的形象，更是企业形象的具体化。班组在进行企业文化建设的过程中，通过多种方式影响和改变员工的思想和行为方式。同时也通过班组员工的行为、班组环境、班组制度等方面来形成企业文化的整体，它是提升首钢核心竞争力的一项无形资产。

以首钢企业文化理念为指导，在不断完善班组各项制度基础上，通过各种形式，使员工在个人形象、技能、敬业精神、创新能力等方面得到不断提高，使班组精细化管理的水平上一个新台阶，创造一个良好的人文环境、生产环境、生活环境和安全环境。

其次是打造班组精神。

毛泽东同志曾经说过“人是要有些精神的”。因此，在班组文化建设中，要通过各种形式的宣传、教育以及员工自发的各种形式的活动，使每一名班组员工都知道首钢发展的愿景，树立起首钢发展我发展的理念，树立起爱岗敬业、勇于拼搏、敢于创新、敢为人先的首钢精神。

这里要注意三点：

一是，班组文化建设要全面体现首钢企业文化的理念。企业班组文化建设应将安全生产、降本增效、完成各项业绩指标作为第一要务。

二是，班组文化建设必须与首钢企业发展战略目标相一致。

班组文化建设应该与企业的总体发展战略目标保持一致，服从于企业发展战略目标。要“以人为本”，要发扬创新、创业、创优的三创精神，建设一流班组，全面推进首钢企业文化建设的开展。

三是，班组文化建设应大力发扬体现首钢特点的优秀班组精神。

几十年来，我们首钢集团在班组建设过程中，形成了具有鲜明首钢特色的一系列好做法。班组精神，恰恰是班组成员共同价值观的集中体现，它既体现了与时俱进的先进理念，也是对首钢精神和首钢班组精神的继承。它是首钢人在长期生产经营实践中所形成的被班组全体成员所认同和自觉遵守的群体意识，是班组生存以及发展的动力源泉。因此，班组精神是班组文化建设的核心内容。

班组长在班组文化建设中，应充分发动全体班组成员，通过开展各种形式的活动，促进班组文化建设活动的开展，不断总结和提炼班组在长期生产经营实践中所形成的价值观念，并大力培养和发扬这种体现首钢精神的优秀班组文化。

第三节　班组文化建设的主要形式

一、多种形式并举，开展企业文化建设

班组文化建设的形式是多种多样的，我们首钢企业的班组长们在企业文化建设过程中积累了许多班组文化建设的好经验和做法，比如学习园地建设、研讨班、学习小组、6S 小组、质量活动小组、技改小组等等。以下的做法仅供大家参考。

（一）加强“班组学习园地”建设

各个班组可以根据班组的实际情况，因地制宜，建立适合班组的“班组学习园地”。通过班组学习园地来宣传首钢企业文化，统一班组思想和认识；及时宣传首钢企业文化建设中的先进人物和事迹，宣传班组中的好人好事好做法，以此激励员工奋发的热情，形成互相学习、互相赶超的氛围；宣传企业精神，让企业精神深入每位班组成员的内心，从而将企业文化变成员工的具体行动。

“班组学习园地”既是班组的宣传阵地和教育阵地，也是班组成员的文化娱乐阵地。比如，首钢某企业的班组定期利用学习园地举办智力竞赛，很好地活跃的班组气氛。这样，让班组学习园地变得生动，使成员对班组文化建设的认识在轻松、愉快的文化氛围中升华，智慧和力量在升华中凝聚。

（二）搞好“主题活动”，树立班组“标兵”

班组要根据企业不同时期的任务、工作重点，结合班组实际，开展各种形式的主题活动。比如，首钢某企业班组开展的“感恩企业，

回报社会”主题活动、“产品无缺陷月”活动等等，都是一种好的主题活动形式。

在班组文化建设中，要有目的地树立一些不同类型的“标兵”，如“节能标兵”、“技能标兵”、“爱心标兵”等等。榜样的力量是无穷的，通过树立班组模范，可以将班组内素质好、能力强、业务精、有团队精神的员工作为“班组楷模”，让他们在班组管理以及生产活动中更好地发挥表率作用，用先进的精神和行为去感召和鼓舞他人，促进班组文化和良好精神风貌的形成。

（三）创造学习氛围，鼓励革新、创新

班组要通过多种形式，开展班组文化学习和技能学习，使班组成员的文化和业务水平不断提升。首钢某班组开展的“看一本好书、写一篇好文”活动、“周培训”、“6S小组”活动、“质量小组”等活动，都很好地调动了班组成员学习的热情和积极性。班组成员文化和技能水平的提高，为班组开展创新活动奠定了基础。

班组在开展文化技能学习的同时，要形式多样地培养员工的创新意识，学习一些创新的方法，鼓励员工在技术、工艺等方面不断创新，鼓励班组成员小改革、小发明、小创造、提合理化建议等，鼓励员工为振兴企业献计献策，提出合理建议，并对产生经济效益的创新给予奖励，形成良好的创新氛围。

（四）严格执行制度，不断完善制度

班组长执行制度要严格，在执行制度方面不可有“弹性”，这是班组长必须遵守的戒律。通过对制度的严格执行，来保证企业制度文化的形成，增强员工的责任心与责任感，使各项工作做得更好。

然而，班组长在严格执行制度的同时，要发动班组员工发现制度的问题、发现目前标准化中存在的问题，从不断完善制度和标准化入手，从根本上杜绝班组中出现的安全、质量、成本、任务等方面的问题。

（五）从细节入手，开展“精细化管理”

班组长要坚决推进精细和精益化管理，使每一名员工建立起

“细节决定成败的”理念。关注并善于发现员工在班组生产劳动中出现的小问题，例如，班组安全生产环境、设备、行为以及班组成员之间人际关系的变化等，做到生产、管理无缺陷。

二、开展“三项活动”，创建班组文化建设氛围

开展班组文化建设的形式多种多样，不一而举。但最主要的是要让员工主动参与到班组的文化建设中来，发挥员工的积极性和主动性，这也是开展班组文化建设的关键所在。

（一）树立员工的“主人”意识，开展合理化建议活动

通过开展班组提合理化建议活动，让员工感到自己参与了企业的管理、是企业和班组的主人。如果不让员工提建议，员工的大部分活动将是“被赋予了”的活动，员工的主人翁意识就很难建立，大部分员工将是“被动的工作”。只有充分尊重班组员工的民主意识，发挥他们的积极性和智慧，实行班组民主管理，员工才会心甘情愿地、主动地参与到企业和班组的各项工作中来。因此，班组长要精心安排，积极引导，使职工敢于并且善于提合理化建议，积极为班组和企业的发展献计献策。

（二）成立质量小组，开展全员质量管理活动

质量管理不是少数人的专利。全世界的实践都注明了只有全体员工都参与到企业的质量活动中去，企业的质量管理活动才会有坚实的基础，企业产品的质量才会持久。而班组 QC 小组是企业质量管理活动的有效形式之一，是国内外都广泛流行的技术质量管理方式，通过广泛建立 QC 小组，开展 QC 活动，组织职工进行技术研究与技术攻关，提高工作质量，降低消耗，在此基础上，形成 QC 活动成果。

（三）劳动竞赛、技术比武和岗位练兵活动

班组内部应在竞赛的深度、广度和竞赛的方式上下功夫，可以结合本班组的工作自行开展小型的劳动竞赛和技术比武。班组成员作为劳动竞赛的参赛主体，应该珍惜每一次参赛的机会，通过参加竞赛，

检阅班组成员的水平，与其他班组成员互相学习，互相促进，共同提高。

三、五方面着手，夯实以人为本的班组文化建设根基

班组文化建设的根基在于以人为本。为此，要做好以下五个方面的工作。

（1）加强班组文化理念建设。班组要根据自身的特点，结合本企业文化，逐渐形成有自身特色的班组文化。建设“以法管人、以情动人、以理服人”文化氛围。

（2）加强“团队”文化建设。

班组团队精神是班组建设的灵魂。

创造良好团队氛围，培养员工的团队意识，并体现在考核中。

培养员工的感恩意识，带着感恩的心去工作、去生活、去回报企业、社会和家庭。

（3）加强“执行力”文化的建设。

一个优秀的班组必须有一个良好的团队和奋发向上的团队精神。良好团队的形成，往往取决于团队的执行力。执行力的关键就是服从。因此，班组文化要积极营造一种没有任何借口，坚决按照上级的安排去完成工作任务的浓厚氛围。

案例：

宝钢：“允许领导下达错误的命令，不允许下属不执行错误的命令。”

西点军校：任何人只有简单的四种回答：“是”，“不是”，“没有借口”，“我不知道”。

（4）加强“制度和行为”文化的建设。

制度完善靠基层——班组；

6S是班组行为文化的基石。

（5）加强“人文关怀”文化建设。

班组文化建设要注重“以人为本”的人文关怀理念，在工作和

生活中关心每一个员工，让班组员工感到班组集体的温暖。

员工的情绪、心理疏导和思想动态；

员工的物质困难、客观实际问题；

员工反映问题和解决问题的渠道。

第四节　班组文化建设的流程

班组文化建设是一个动态的过程，需要持之以恒。一般而言，在班组文化建设的一个周期包括组织计划、推进实施、监督检查、总结提升四个环节，即 PDCA 的闭环管理模式。

（1）组织计划：明确职责分工；制定班组文化建设规划和方案；宣传贯彻班组文化建设的目的、意义内容、方法和流程。

（2）推进实施：按计划实施，具体开展班组文化建设。结合班组的具体情况，采取适合本班组的形式，进行班组文化建设。

（3）监督检查：对各班组文化建设进展情况进行检查、分析，及时发现问题，并指导纠正。

（4）总结提升：对班组文化建设进行评比，推广先进；对班组文化建设存在的问题提出改进建议，促进改善。

第五节　企业文化建设中对班组长的基本要求

一、要有事业心和责任感

班组长的工作是一项既辛苦又细致的工作，每天不但要完成自己的工作任务，还要组织领导大家完成班组的工作任务，同时，还要关心职工，耐心细致地做思想政治工作、管理工作、生活工作等，如果没有高度的事业心和责任感，没有为工作献身的精神，怕苦怕累怕困难，是搞不好班组工作的。

案例：

青岛港桥吊队队长许振超；

全国劳模北京掏粪工人时传祥；

北京公交劳模李素丽。

二、要熟悉业务、技术过硬

班组长既要会管理，又要懂技术，要熟悉、掌握班组的各种设备及其操作，特别是随着新技术、新设备的大量使用，对班组长的要求就越来越高，这就要求班组长必须善于学习，一定要比其他人学的多一点、深一点，只有这样，才能做到心中有数，指挥生产得心应手，不出差错，遇到难题也能及时解决。

三、要以身作则，起模范带头作用

俗话说，“言教不如身教”，“喊破嗓子不如做出样子”。一个优秀的班组长，应该严格要求自己，要别人做到的，首先自己应该做到，要处处事事为人表率，用行动去影响大家、激励大家，只有这样，才能真正得到职工的信赖。

四、要坚持原则，敢于管理

班组长要敢抓敢管，从整体利益出发，敢于揭露矛盾，敢于批评，敢于对违章者重处、重罚、重教。要实事求是地按客观规律办事，按规章制度办事，该制止的制止，该批评的批评，该处罚的处罚，该表扬的表扬，该奖励的奖励。一切从严要求，是非分明。只有严格要求，赏罚分明，才能树立起班组长的权威。

五、要关心职工，用心做事

作为班组长，关心职工就是关心工作。

要了解每一位职工的生活情况，掌握职工的困难，代表职工说话，表达职工的意愿，为职工排忧解难。

认真做事只是把事情做对，用心做事才能把事情做好。

第四章

案例分析——首钢企业文化经验启示

首钢始建于1919年，距今已有90余年的历史。首钢90多年的发展历程，实际上也是首钢企业文化的演变成长史。首钢建厂以来，经历了解放前30年、解放后30年、改革开放30年，走过了一条从无到有、从小到大、从弱到强的发展之路，为中国工业和经济社会的发展做出了重要贡献。首钢企业文化同企业所处的时代背景、社会环境及企业自身的生产管理、经营发展紧密相连，也经历了从散弱到强盛、从萧条到繁荣、从自发到自觉的发展过程。总结分析首钢90年企业文化发展历程，尤其是改革开放30年来的企业文化建设情况，可以得出一些有益的经验启示。

启示一： 首钢90余年曲折艰难而又波澜壮阔的发展史有力地说明，任何一个企业的文化形成，都不是某个企业领导者和企业自身主观臆断闭门造车的结果，而是时代潮流、社会背景、企业环境和企业自身诸要素相互作用的产物。

从首钢90余年的企业文化发展历程来看，解放前30年，首钢历经沧桑、饱受磨难，那期间的企业文化可以说是支离破碎、软弱涣散；解放后30年，首钢人艰苦奋斗、顽强拼搏，爱岗敬业、无私奉献；改革开放以来，首钢人敢为人先、严格管理、追求卓越、开拓创新、进取创优、激情创业，企业文化强势有力，生机勃勃。首钢企业文化之所以在不同历史时期呈现出明显不同的文化特征，时代背景和社会环境起了极大的影响和制约作用。

启示二： 只有坚持以人为本，坚持“人与企业共发展”的核心价值观，才能真正激发广大职工的积极主动性，确保企业文化的健康发展。

在首钢90余年历史上，不同时期占主导地位的企业价值取向是不同的。首钢建厂之初，它的性质是官商合办，虽然有着“实业救国”的价值取向，但在当时的社会背景下，它更多地是为了军阀、官僚、政客、商人等少数人的利益。在日军占领时期，当时的石景山制铁所成为日本军国主义侵略凌辱、剥削压榨中国人民的工具，它的存在同它所处的社会和民众的利益完全是对立的，它的企业价值观完全是扭曲的。只有新中国成立后，人民成为国家的主人，首钢工人阶级成为企业的主人，“人民为本”、“以人为本”才成为企业占主导地位的价值观，才真正激发了广大职工的积极性、主动性和创造性，才使企业文化真正走向了健康发展的轨道。

启示三： 只有坚持与时俱进、解放思想、开拓创新，才能确保企业先进文化的前进方向，确保企业文化的勃勃生机。实践证明，解放思想是首钢发展的动力和法宝，解放思想的深度决定着首钢发展的速度，决定着转变经济发展方式的程度。

20世纪50年代和改革开放以后，首钢率先提出投资大包干和承包制，转变了企业的经营机制；尤其是改革开放30年来，首钢始终坚持以“解放思想，转变观念”为先导，以思想观念的转变推进企业文化的深入开展。

改革开放之初，首钢提出“让思想冲破牢笼”，在全体干部职工中积极开展真理标准大讨论，坚持实践第一的观点，大胆探索前人没有走过的路，有力地推动了改革的进行。

进入新世纪，首钢以思想文化创新为先导，开展各种主题教育活动，不断推动干部职工们的思想解放和观念转变。通过不断引导职工解放思想、转变观念，把大家的思想认识统一到首钢的改革发展上来，从而为首钢各项改革事业的发展提供了有力的思想保障和强大的精神动力。

启示四： 只有坚持领导高度重视并率先垂范、职工全员参与并身体力行，才能确保企业文化的引领导向、推动实践的作用。

建国以来，首钢在各个时期的企业主要领导人，都高度重视用先进的文化建设干部职工队伍。在企业文化建设过程中，企业主要领导人的作用是不言而喻的，他们是企业文化的培育者、倡导者、组织者、指导者和示范者。从首钢企业文化的形成看，无疑凝结着首钢各个时期企业主要领导人的个性特点、生活阅历、思维方式、价值判断标准等。

首钢党委明确提出，企业文化建设是“一把手”工程，必须从各级领导干部做起，从党政一把手做起，用自身优秀的价值观和崭新的精神风貌去感染和带动广大干部职工，首钢各级领导要努力成为建设先进企业文化的积极倡导者、有力组织者、带头实践者。2005 年底，按照首钢党委的统一部署，首钢组织开展了企业文化全员培训。这次培训规模之大、范围之广、人数之多、时间之长，在首钢史无前例。到 2006 年底，全集团 72157 人参加了培训。全员培训使广大干部职工在继承优良传统的基础上，不断与时俱进，统一了思想，提高了认识。企业文化全员培训取得了巨大成效，给首钢带来了一系列重大变化。

启示五： 只有坚持服务于发展战略，坚持结合实际、解决实际问题，才能确保企业文化落地生根、开花结果。企业文化建设推动了改革发展和生产经营，生产经营的提升又激发了干部职工们开拓进取的创业激情，从而形成了一个“精神变物质，物质变精神”的良性互动。

首钢在企业文化建设中始终坚持围绕企业的战略目标，为建设高素质职工队伍服务，为实现企业和职工的共同发展服务，为实现首钢发展战略目标服务。尤其是进入新世纪后，首钢企业文化建设紧紧围绕首钢“三步走”发展战略，以“建设 21 世纪新首钢”美好愿景为方向，深入开展创新、创优、创业活动，使首钢的战略性转移和结构调整得以顺利进行。为了紧紧地围绕首钢总体战略目标，首钢有组织、有步骤、全面地推进企业文化建设，真正地用文化力推动企业的发展，初步形成了适应首钢总体发展需要的企业文化体系。

首钢在企业文化建设中，始终坚持把企业文化融入企业改革发展的实践中，与体制机制改革、经济技术创新相结合，与搬迁调整、产业结构优化升级等重点工作紧密结合起来。例如，2003年首钢决定调整发展战略，随即组织开展了“八破八立八做到”的解放思想、转变观念活动，破除陈旧落后的思维方式、思想观念、行为习惯，树立与时俱进的思想文化。随着首钢结构调整的不断推进，首钢的钢铁产品也从以长材为主向板材转移。在这种形势下，企业的目标、发展思路，企业的精神、行为规范和企业形象，都要围绕板材生产展开，全面开展了构建具有首钢特色的板材文化体系的活动。

启示六： 只有坚持开放学习、博采众长，走出去、请进来，才能不断为企业注入新思想新理念，确保企业文化的旺盛活力。

近年来，首钢在开放中学习，在学习中开放，努力破除封闭狭隘的僵化思想，坚持培育开放的文化、学习的文化。在一系列思想文化创新活动中，引导职工树立大开放、大合作、大发展的新观念。引导各单位在“走出去、请进来”中博采众长，虚心学习别人的先进经验。同时，以深入推动创建学习型组织为平台，开辟了各种有效的学习形式，如联合办学、继续教育、赴国外培训、创建高端研发平台等，为首钢改革发展不断注入新的管理思想、管理理念。

启示七： 只有坚持将企业文化典型化、具体化、制度化，才能确保先进精神理念认识到位、执行到位、落实到位。

据统计，新中国成立迄今，首钢共有894名职工分别获得全国和省、部、市级劳动模范称号及全国五一劳动奖章，其中全国劳模32人。首钢各个时期都非常重视对先进典型给予重奖表彰，为他们树碑立传。先进典型是首钢人的杰出代表，也是首钢优秀文化的建设者和诠释者，他们为首钢两个文明建设做出重要贡献，是首钢光荣传统与优秀文化的旗帜。

启示八： 只有坚持不断创新手段、丰富载体、搭建平台，才能营造良好的文化氛围，确保企业文化深入人心。

进入21世纪以来，每年年初开展的“首钢十大新闻”评选活动，规模大、范围广、影响深，实际上是对企业先进理念和优秀文化的一次发掘、升华和宣传倡导。每年召开的首钢党委扩大会和职代会，都会旗帜鲜明地提出企业下一步发展所需要的先进理念，提出企业文化建设的主题，提出贯彻落实的要求和措施。每年五月举办的“首钢月季园赏花会”，已经成为首钢对外展示和交流的一个窗口、一道风景、一个品牌。

每年中期，首钢都要结合企业改革发展的实际，召开一次全集团范围内的经验交流会，而且年年有目标、年年有主题、年年有创新、年年有超越。每年的经验交流会，都为首钢的企业文化建设搭建一个成果展示的平台、探讨交流的平台、宣传贯彻的平台，成为首钢企业文化建设的强力助推器。

在强化正面宣传、营造良好的文化氛围方面，首钢充分利用现代化的载体和手段，先后建成中国首钢网络电视、首钢日报网站，各单位也都建立了自己的局域网，其中中国首钢网络电视是国内企业首家推出的宣传企业方针政策和思想文化、适应一业多地信息交流的新平台。分布各地的首钢职工通过现代化的交流平台，可以及时了解首钢总公司的新精神、新动态，从而使现代化的传媒和手段成为首钢开展企业文化建设的重要载体。

启示九： 只有坚持系统规划、合力推进，才能确保企业文化全面深入、切实有效地建设发展。

首钢在企业文化系统性建设方面的一个重要做法，概括地讲就是“五有”、“四强化”。“五有”，就是首钢把企业文化建设作为一项系统工程，在建设过程中做到有组织机构、有活动策划、有培训教材、有检查考核、有案例典型。“四强化”，就是首钢的企业文化建设坚持做到强化协作、强化宣传、强化教育、强化统一。

启示十： 企业文化是企业的灵魂和底蕴，是企业不断战胜困难挑战、持续创新发展的最深层次驱动力。

首钢90余年的发展历史，尤其是改革开放以来的企业实践证明，深厚的文化底蕴、优良的文化传统、有效的企业文化建设，是首钢推进生产经营、改革发展、搬迁调整的重要载体，是改进领导方法和思想政治工作、提升管理水平和企业竞争力的有效途径，是提高企业知名度、不断开拓市场的重要手段，是应对各种风险危机、保持企业持续稳定发展的一大法宝，是首钢人无比珍惜的企业软实力和无形资产。

第二篇　班组团队建设

团队建设是企业文化建设的一个重要方面，建设一批勇于创新、能打能拼的企业班组团队，对于一个企业来说是至关重要的。我们的一切工作都离不开团队，而团队也正在改变着我们的工作方式。现代企业的几乎每一项大型工作都不再是个人的单打独斗，个人的力量是不可能做好一个企业或完成一个大的项目的，因此可以这么说，单打独斗的个人英雄主义时代已经结束。企业要想发展，就要不断完善和加强企业的团队建设，增强企业的凝聚力，形成良好的团队文化，通过团队建设来弥补个人能力的不足，增强企业的生命力和竞争能力。

团队建设的概念、特征、类型

第一节　团队的概念

20 世纪 60 年代到 70 年代中期，日本经济迅速崛起，成为世界经济强国。以美国为首的西方国家对日本企业展开了深入的研究，以探寻日本经济奇迹的秘密。在对比研究中，研究者注意到，如果让日本最优秀的员工与欧美最优秀的员工一对一进行对抗比赛，日本的员工多半不能取胜，但如果以班组和部门为单位进行比赛，日本员工总是会占上风。

进一步的研究发现，欧美人崇尚个人奋斗，企业由管理精英来主导，凡事由上级对下级发布命令，组织中个人主义盛行，组织内经常产生内耗，形不成团体合力。在日本，企业的员工对企业有一种强烈的归属感，故而工作勤奋认真，将全身心都投入到了企业中，而企业则能充分发挥每名员工的智慧，充分调动员工的能动性，培养员工的协作精神，结成坚强的团队，进而产生巨大的竞争力。

欧美国家开始意识到，日本企业的优势主要源于其团队竞争力，其中很重要的是弥漫于日本企业内部的团队精神。于是，欧美企业大力学习日本的团队建设经验，建立起一个个的团队。

在20世纪60年代初期，美国的宝洁公司就开始了团队管理的实践活动，并把团队管理模式作为获得竞争优势的来源之一，但宝洁公司的团队管理实践并未引起广泛的注意。

通用汽车公司在20世纪60年代到80年代期间，借鉴日本团队的经验，在公司的较大范围内推行团队管理试验并获得了成功。与此同时，福特公司、摩托罗拉通信公司、通用电信公司、波音公司等都对团队管理做了有效的尝试。到了90年代，团队管理开始成为热门话题。

应该说，团队与组织和管理有着密切的联系，有组织的地方、有管理的地方，就应该有团队管理。

那么，究竟什么是团队呢？

一、团队的含义

团队是由两个或两个以上的人组成的，为着共同的目的而相互协作的一种介于组织与个人之间的组织形态。

由此，团队既不同于个人，也不同于组织。

团队，一定要具有目标的清晰性、协作的默契性、工作的主动性。

二、团队的构成要素

现实中有各种各样的团队，比如产品开发团队、销售团队、技术攻关团队、以业绩为导向的生产团队等等。但不管是什么样的团队，其构成的要素基本有以下五个方面，既：目标（purpose）、人（people）、团队定位（place）、权限（power）、计划（plan）。

（1）团队目标（purpose）。团队要有一个既定的目标，团队成员共同为这个目标去努力，以这个目标为导向。当一个团队失去目标的时候，这个团队就失去了团队的意义。

在企业中，要求企业里各个部门团队的目标必须与企业这个组织的目标一致。为了落实企业的目标，各个部门围绕企业的目标而设立部门的目标也即小目标，有的企业甚至可以将小目标分解到团队成员身上，每个成员合力实现这个共同的目标。

案例：

自然界中有一种昆虫很喜欢吃三叶草（也叫鸡公叶），这种昆虫在吃食物的时候都是成群结队的，第一个趴在第二个的身上，第二个趴在第三个的身上，由一只昆虫带队去寻找食物。这些昆虫连接起来就像一节一节的火车车厢。管理学家做了一个实验，把这些像火车车厢一样的昆虫连在一起，组成一个圆圈，然后在圆圈中间放了它们喜欢吃的三叶草，结果它们爬得精疲力竭也吃不到这些草。

启示：

在团队中失去目标后，团队成员就不知道向何处去，其结果就是各自为战的单打独斗，其最终结果可能就是饿死，这个团队将不再是团队。

（2）人（people）。人是构成团队最重要的因素。一个人不叫团队，至少两个人（包含两个）才可以构成团队。

目标是通过人员具体实现的，人是团队中最活跃的要素，所以，人员的选择是团队中非常重要的一个部分。团队中的每一个人都扮演着不同的角色，每个角色在团队中起着不同的作用。比如，在一个团队中可能需要有人出主意，有人定计划，有人实施，有人协调不同的人一起去工作，还要有人去监督团队工作、评价团队最终的贡献等等。

(3) 团队的定位(place)。团队的定位包含两层意思:

一是,团队的定位,团队在企业中处于什么位置,由谁选择和决定团队的成员,团队最终应对谁负责,团队采取什么方式激励下属等等。

二是,团队成员的定位,也即团队中的不同成员在团队中扮演什么角色,每个成员的责任义务等等。

(4) 权限(power)。团队领导的权限与成员的权限是不同的。这种权限会随着团队的发展而不断变化,一般来说,团队越成熟,领导者所拥有的权利相应变弱,而在团队发展的初期阶段,团队领导的权限就会相对集中和强势。

团队权限关系的两个方面:

一是,整个团队在组织中拥有什么样的决定权?比方说财务决定权、人事决定权、信息决定权。

二是,组织的基本特征。比方说组织的规模多大,团队的数量是否足够多,组织对于团队的授权有多大,它的业务是什么类型。

(5) 计划(plan)。团队一定要完成某些任务,而完成任务一定需要计划,这个计划包含两层意思:一是,目标最终的实现,需要一系列具体的行动方案,可以把计划理解成目标的具体工作程序。二是,计划可以保证团队的顺利进度。只有按计划操作,团队才会一步一步地贴近目标,从而最终实现目标。

通过前面对团队五个因素的阐述,可以把团队必须具备的特点总结如下:

(1) 共同的奋斗目标(理想或价值目标);

(2) 严密的组织和分工;

(3) 成员的心理归宿和制度保证;

(4) 共同的纪律原则;

(5) 利益和风险的契约约定;

(6) 身份识别及安全感确认;

(7) 内部关系处理机制。

第二节 团队与群体的区别

在团队的定义中我们知道，团队既不同于个体，也不同于群体，也不同于组织。

巴克荷兹等人（Buchholz et al.，1987）则从共同目标（common goals），责任分享（shared responsibilities）及团队成果（outcomes）的观点来区别团队的三个发展阶段，以区别一群人、群体与团队的不同。巴克荷兹等人（1987）认为，团队是目标导向的，团队队员不仅了解团队的目标，认同团队的目标，并以团队目标作为其行动与决策的中心。除此之外，团队队员共同担负团队成败责任，团队队员视团队目标的达成为团队集体努力的成果，所以团队队员认识到团队整体达成的成果必大于个体达成成果的总和（the whole is greater than the sum of the parts）。

沙勒斯等人（1992）则认为，团队与群体的差别，在于团队的工作完成需要团队队员彼此交换工作讯息与资源和协调工作活动。沙勒斯更进一步强调团队队员的相互依存性是区别群体与团队的主要要素。唯有团队队员具有相互依存性，才能使团队队员紧密地结合在一起，去完成团队的共同目标。

从这些差异性，我们不难区别何者为群体，何者为团队。举例言之，在一个班级内一起上课的人可说是一个群体。老师扮演着领导者的角色，学生着重的都是个人的成绩表现，老师评鉴学生的表现也是以个人的成绩为主。这个班级的目标也是与学校的使命相同，但这个班级的学生之间，并不具有不同知识、技能或经验，也就是不具相互依存性。因此，这个班级只能称为群体而非团队。

由上所述，群体与团队有着不同，现分述如下。

一、群体的概念

群体是指两个以上相互作用又相互依赖的个体，为了实现某些特定目标而结合在一起的集合体。群体成员共享信息，做出决策，帮助每个成员更好地担负起自己的责任。

二、团队和群体的差异

团队和群体经常容易被混为一谈，但它们之间有根本性的区别，汇总为六点，见图 2-1-1。

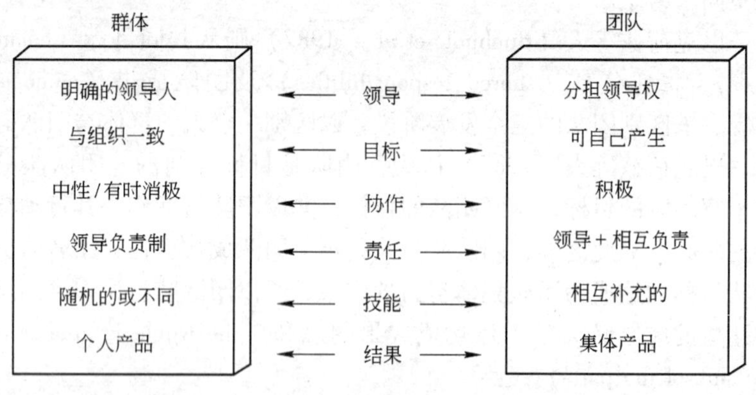

图 2-1-1

（1）领导方面。作为群体应该有明确的领导人；团队可能就不一样，尤其团队发展到成熟阶段，成员共享决策权。

（2）目标方面。群体的目标必须跟组织保持一致，但团队中除了这点之外，还可以产生自己的目标。

（3）协作方面。协作性是群体和团队最根本的差异，群体的协作性可能是中等程度的，有时成员还有些消极，有些对立；但团队中则是一种齐心协力的气氛。

（4）责任方面。群体的领导者要负很大责任，而团队中除了领导者要负责之外，每一个团队成员也要负责，甚至要一起相互作用，共同负责。

（5）技能方面。群体成员的技能可能是不同的，也可能是相同的，而团队成员的技能是相互补充的，把不同知识、技能和经验的人综合在一起，形成角色互补，从而达到整个团队的有效组合。

（6）结果方面。群体的绩效是每一个个体的绩效相加之和，团队的绩效是由大家共同合作完成的产品。

示例 1：

下面四个类型，哪些是群体？哪些是团队？

＊龙舟队　　＊旅行团　　＊足球队　　＊候机旅客

实际上，龙舟队和足球队是真正意义上的团队；而旅行团是由来自五湖四海的人组成的，它只是一个群体；候机室的旅客也只能是一个群体。

示例 2：

NBA 在每赛季结束后都要组成一个明星队，由来自各个队伍中不同的球员组成一支篮球队。跟冠军队比赛，这个明星队是团队还是群体，或其他组织？明星队是团队还是群体，有一些争议。这里的看法是：明星队至少不是真正意义上的团队，只能说是一个潜在的团队。因为最关键的一点是成员之间的协作性还没有那么强，还没有形成一个整体的合力，当然从个人技能上来说也许明星队个人技能要高一些。所以，认为它是一个潜在的团队，在国外也有人叫它伪团队。

三、群体向团队的过渡

从群体发展到真正的团队需要一个过程，需要一定时间的磨炼。这个过程分为以下几个阶段：

第一阶段：由群体发展到所谓的伪团队，也就是我们所说的假团队；

第二阶段：由假团队发展到潜在的团队，这时已经具备了团队的雏形；

第三阶段：由潜在的团队发展为一个真正的团队，它具备了团队的一些基本特征。真正的团队距离高绩效的团队还比较遥远。

见图 2-1-2。

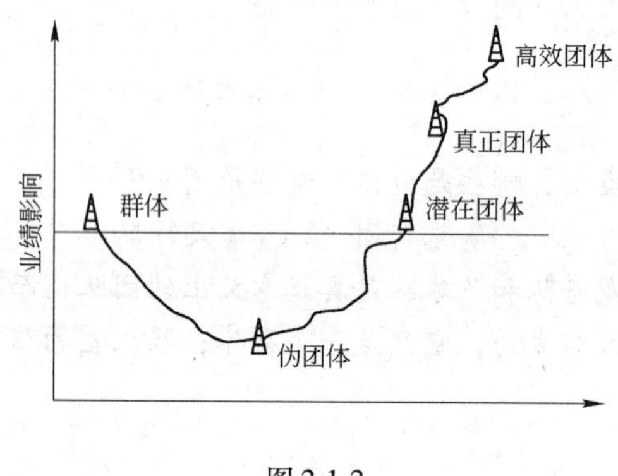

图 2-1-2

第三节 团队的类型

根据团队存在的目的、拥有自主权的大小，一般将团队分成三种类型：问题解决型团队、自我管理型团队、多功能型团队。

一、问题解决型团队

顾名思义，就是用来解决特定问题的团队，见图 2-1-3。

该团队的特点是以解决问题为驱动力的。比如，一个提高产品质

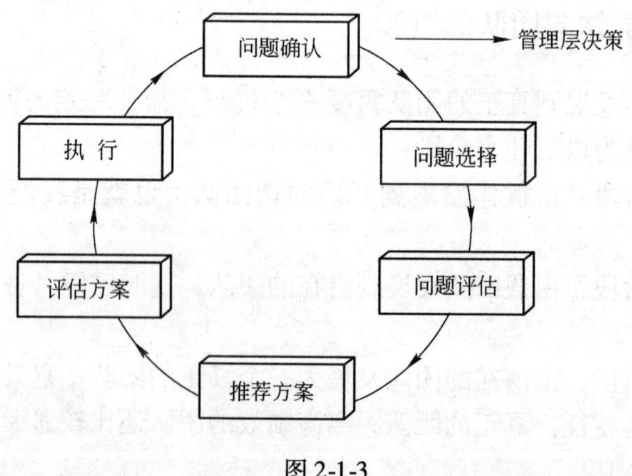

图 2-1-3

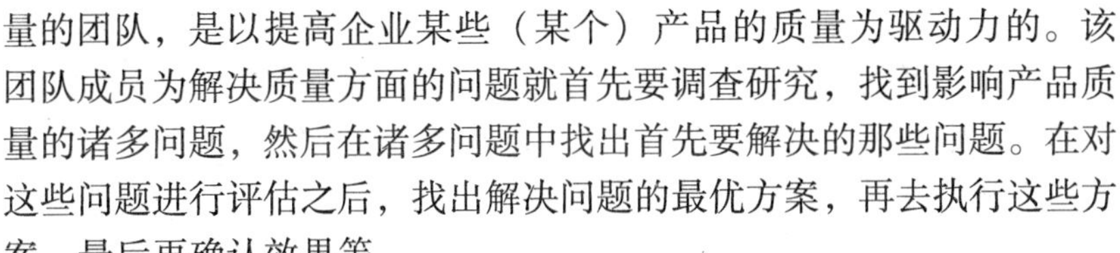

量的团队，是以提高企业某些（某个）产品的质量为驱动力的。该团队成员为解决质量方面的问题就首先要调查研究，找到影响产品质量的诸多问题，然后在诸多问题中找出首先要解决的那些问题。在对这些问题进行评估之后，找出解决问题的最优方案，再去执行这些方案，最后再确认效果等。

在20世纪80年代最流行的一种问题解决型团队是质量对策小组，这就是典型的问题解决型团队。这些质量对策小组由职责范围部分重叠的员工及主管人员组成，他们定期聚会，讨论所面临的产品质量问题，调查产生问题的原因，提出解决问题的建议并采取有效的行动。

示例1：

20世纪80年代最流行的一种问题解决型团队是质量圈，看一下它的构造。

质量圈分为6个单元，或6个部分。

首先要找到质量方面存在哪些问题，接下来在众多问题中选择一些必须马上解决的，然后进行问题的评估——如果不解决可能会带来什么样的损失，这个问题的等级是重量级的还是轻量级的？第四个部分是推荐的方案，要解决问题采取什么样的方式比较好？第五是评估方案，看看可行不可行，它的成本花费是多少。最后一部分是决策最终是否实施。

通常质量圈由5到12名员工组成，他们每周有几个小时碰头，着重讨论如何改进质量，他们可以对传统的程序和方法提出质疑。在质量圈中问题的确认是由管理层来最终实施的，团队的成员没有权利来确定问题在哪里，只能提出意见。第二到第四个部分是由质量圈的成员操作，最后两个部分需要管理层和质量圈的成员共同把握。在这6个部分当中权利其实是分解的，并不是所有质量圈的成员都有权利或能力完成这6个任务。

二、自我管理型团队

在企业中，更多的团队都要建设成自我管理型团队。因为不管哪种类型的团队，要使得成员在参与决策方面发挥更大的积极性和主动性，就要让团队成员围绕团队目标自我管理、自我完善、自我提升。比如，首钢某企业进行 TPM 活动，其最终目标是实现各个部门的自我完善和自我提升。这就是自我管理型团队。

示例 2：

美国德州一汽公司因为推行自我管理型团队而获得国家质量奖。美国最大的金融和保险机构路得教友互动会，在 4 年的时间中减员 15%，但业务量增加了 50%，主要的原因是提高了员工的满意度，推行了自我管理型团队。麦当劳成立了一个能源管理小组，成员来自于各连锁店的不同部门，他们对怎样降低能源问题提出自己选定的方案，解决这一环节对企业的成本控制非常有帮助。能源管理小组把所有的电源开关用红、蓝、黄等不同颜色标出。红色是开店的时候开，关店的时候关；蓝色是开店的时候开直到最后完全打烊后关掉。通过这种色点系统他们就可以确定，什么时候开关最节约能源，同时又能满足顾客的需要。这种能源小队其实也是一个自我管理型团队，能够真正起到降低运营成本的作用。

但推行自我管理团队并不总是能带来积极的效果。虽然有时员工的满意度随着权利的下放而提升，但同时缺勤率、流动率也在增加。所以，首先要看企业目前的成熟度如何，员工的责任感如何，然后再来确定是否建立自我管理型团队。

三、多功能型团队

其实，很多团队很难说他是哪一种类型的团队，因为这个团队具有多种不同的功能。这种团队由来自同一种等级不同部门的员工组成，成员之间交换信息，激发新的观点，解决所面临的问题。

20 世纪 60 年代爱必尔诺威开发了卓有成效的 360 类反馈系统，该系统采用的是一种大型的任务攻坚团队，成员来自公司各个部门。由于团队成员知识、经验、背景和观点不太相同，加上处理复杂多样的工作任务，因此，实行这种团队形式，建立有效的合作需要相当长的时间，而且要求团队成员具有很高的合作意识和个人素质。

示例 3：

麦当劳有一个危机管理团队，责任就是应对重大的危机。由来自于麦当劳营运部、训练部、采购部、政府关系部等部门的一些资深人员组成。他们平时共同接受关于危机管理的训练，甚至模拟当危机到来时怎样快速应对。比如广告牌被风吹倒，砸伤了行人，这时该怎么处理？一些人员考虑是否把被砸伤的人送到医院，如何回答新闻媒体的采访，当家属询问或提出质疑时如何对待？另外一些人要考虑的是如何对受伤者负责，保险谁来出。

怎样确定保险？所有这些都要求团队成员能够在复杂问题面前做出快速反应，并且进行一些专业化的处理。

启示：

虽然这种危机管理的团队究竟在一年当中有多少时候能用得上还是个问题，但对于跨国公司来说是养兵千日，用兵一时，因为一旦问题发生就不是一个小问题。在面临危机的时候，如果做出快速而且专业的反应，危机会变成生机，问题会得到解决，而且还会给顾客及周围的人留下很专业的印象。

第二章 团队建设中班组长的角色扮演

第一节　学习与借鉴

在团队建设中，最忌讳的就是把别人的团队建设经验拿过来照搬照套地学习或模仿。因为团队建设是企业文化建设的一个方面，如同文化建设不能照搬照套一样，团队文化建设也不能照搬照套。在学习其他国家或企业的团队建设经验时，正确的做法应该是结合自己企业和班组的特点来借鉴、学习。

目前，市场上关于团队建设的书籍很多，尤其是介绍日本、美国团队建设的书籍更是五花八门、多如牛毛，为了正确地学习他们的经验，有必要了解这些国家团队建设的特点和做法，以便我们能够从中借鉴，结合中国和企业自身的实际，找出适合我们自己的团队建设的做法。

一、日本团队建设模式给我们的启示

大凡学习团队建设的人，都知道日本在团队建设方面有其独到之处。日本的团队建设可以说是世界上做得最好的。在日本人们基本是按照团队的意识去执行，领导要求什么下级就做什么，他们的下属对上级的命令可以做到说一不二，基本没有太多的个人的意见，他们对组织是绝对服从的。这种团队的优点是易于管理，但其致命的缺点就是由于成员的盲目服从，常常由于决策的失误而造成不可收拾的后果。因此，成员的高度一致性，有些时候是好事，但有些时候可能是

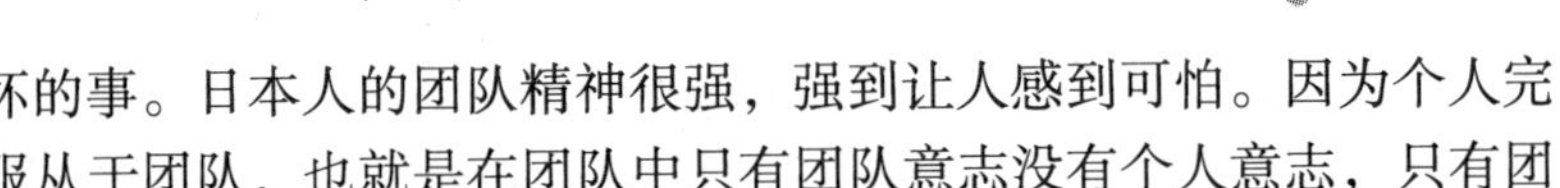

最坏的事。日本人的团队精神很强，强到让人感到可怕。因为个人完全服从于团队，也就是在团队中只有团队意志没有个人意志，只有团队目标没有个人目标。

自然，我们要关心一下日本的团队精神是怎么形成的，也就是到底是什么原因让日本的团队精神如此之强呢？

（一）恶劣的自然环境塑造了日本人的团队精神

日本的自然环境是这样的，境内多山，山地成脊状分布于日本的中央，将日本的国土分割为太平洋一侧和日本海一侧，山地和丘陵占总面积的71%。日本位于太平洋火山地震带上，火山活动频繁，全国有160多座火山，其中50多座是活火山，为世界上有名的地震区。同时，日本四周环海、狭长、矿产资源贫乏，除地震、火山活动频繁外，还有台风、海啸等自然灾害。

2011年3月11日13时46分，日本东北部海域发生里氏9.0级地震并引发海啸。巨大的海浪卷走汽车并摧毁了房屋，给日本带来了巨大的人员伤亡和财产损失。我国的中央电视台等主流媒体对那场灾难给予了及时报道，也使我们透过那场灾难看到日本人在天灾面前表现出的冷静、团结和牺牲精神。

众所周知，在一群人面临共同危险的时候，大家会摈弃前嫌、会不知不觉地团结在一起来共同对付面临的危险。日本人为了在恶劣的自然环境中生存下来，他们只能团结起来，借助群体的力量共同抵抗天灾，正所谓“人心齐，泰山移”。日本人的房子紧密相连、彼此支撑，就是为了抵御风灾。面对大海和贫乏的自然资源，古时候的日本人多依靠出海捕鱼为生，而这种工作靠个人的力量是无法完成的，必须凭借团体的智慧和力量。他们团结协作，同甘共苦，休戚与共。因此正是不利的自然环境造就了日本人勇于奉献、勇于牺牲的团队精神。

（二）社会行为准则构成团队的强大支撑

自然环境的不利因素对日本人的行为产生深刻的影响，对形成日本人的团队精神起到了根本性的作用，而这种长期的对群体力量的依赖，在潜移默化之中形成了一种大家公认的社会行为准则或规则，成为约束人们行为的一种规范。

日本社会的这种行为准则不是法律，因而不具有强制性。尽管如此，它对于人们的约束力在很大程度上却超过法律的约束力。比如2011年3月11日，日本发生了地震，引起了海啸，所有商店的物价一直是稳定的，没有商店敢于借自然灾害来涨价、发财，这靠的就是人们对这个社会准则的自觉执行。因为，一旦某人违反了这些准则，比如借天灾来发财，就会受到周围人的一致指责和唾弃，甚至连自己的亲人也不例外，那么这个人就很难在这个群体中生存下去。

比如，日本企业的员工一般都不跳槽。虽然到今天为止，跳槽在大部分国家是司空见惯的事情，员工当不满意自己的工作或得不到升迁同时又有其他合适的工作时，多数年轻人会选择跳槽，而在日本的年轻人一般都不愿跳槽。日本企业实行的是终身雇佣制，员工一进入公司，一般会一直工作到退休。

案例： 日本机场的特殊风景

日本的机场有四个特色。第一是夏天温度最高。机场是一个国家的大门，代表国家的形象。机场的设施如何，影响着人们对整个国家状况的判断。如果一个机场设备先进，秩序井然，基本上可以判断这个国家安定、繁荣；相反，如果一个机场又脏又乱，那么这个国家就会给人以贫穷、落后的印象。因此，每个国家都会尽量让自己的机场保持最佳的环境。比如，一到夏天，世界各国的机场一般都会把温度调得很低，以便让人们感到凉爽，但是日本的机场是个例外。夏天日本机场的室内温度是相当高的，为什么？因为日本提倡节约能源。在日本人看来，节约能源是个正确的观念，全国上下都在执行，机场又怎么能浪费呢？对日本人来说，只要确定目标，不管有没有硬性规定，都会全面地、一致地实现目标。

日本机场的第二个特色是准备登机的日本人神态奇特。很多国家的人都有登机的经历，唯独日本人最紧张。在飞机场准备登机的日本人全神贯注，如临大敌一般。不仅在飞机场如此，在火车站也是一样。列车进站时，工作人员都是立定站好的，没有人敢乱动，仿佛正经历庄严神圣的时刻。

第三个特色是日本人的服务态度世界一流。如果你要向他们咨询事情，他们在回答之前就会先给你鞠好几次躬；讲话的过程中他们也会鞠躬；讲话结束后，他们还会向你鞠躬送别。鞠躬好像已经变成日本人的习惯性动作了，有人甚至说，日本人之所以腰很细，就是因为他们一天到晚做腹部运动。

日本机场的第四个特色是航班准时。我们中国人所谓的准时多数情况下是指时间差不多，比如说，火车12：00到达，实际上经常会晚一两分钟。很多人时间观念不强，说是准时到达，却常常迟到，而且会找出上千个理由。而日本人则不同，说是几点几分，就是几点几分。在日本，如果预约出租车，出租车一定准时报到，不会差一分钟。我很好奇，因为交通中的不确定因素很多，很难控制，出租车司机是如何做到分秒不差的？司机老实告诉我，分秒不差地到达是谁也做不到的事情，他提前十分钟就到了，一直躲在树底下，等到时间正好才出来。

（三）学校教育是团队精神维持的基础

大家知道，日本在二战失败后非常重视教育，其实日本社会对于教育的重视有着悠久的历史。在日本的教育中，对集体主义和团队精神的教育是从小学就开始的。这方面日本社会下了很大的工夫。在日本的学校里，从小就强调个人对于组织的服从。比如，日本大多数时候天气都很冷，但日本的小学生都穿短裤。又比如在日本的大街上随处可见这样的景象：一队小学生来到十字路口的时候，如果红灯亮了，就排队等着，冻得实在受不了，就蹲下。等绿灯一亮，又都站起来，动作非常整齐，根本不需要有人发号施令。

由此，我们发现一条重要的线索，那就是日本人的高度团结既有自然的因素更有经过长期的教育、培养所形成的习惯或准则，而非天生如此。

案例1：　日本的大学生生活

日本的大学，即便是同一年级，班级与班级之间也是很生分的：

如果有事要找另一个班的同学，应该站在门口请其本班同学把要找的人叫到走廊上来交谈，贸然进入他人班级是非常失礼的行为。表面看来是个礼貌问题，但深思一下，这大约可归究为团队领地默认。在中国大学则没有这层顾虑。上课之外的时间，其他班的学生也可以进入教室内一起学习或聊天，根本不必考虑这是别人的地盘。

在课程学习的方式上，日本大学的许多作业、课题都是通过把全班学生分成多个学习小组，选举小组长，由组长对每位组员进行任务分工，然后大家根据分工在学校共同完成作业，比较注重团队协作。在中国，大学课程多以理论为主，布置的作业大部分都要求学生个人在课后单干完成，比较注重个人全能，根本不考虑协作精神。

在日本大学时常举行大型校园活动，实际就是团队精神训练的大练兵。这些活动，通常是先在每个班选举组织活动的学生干事（领导者），以组或临时组委会的形式经由干事与校方及学生们进行交洽，安排具体的活动，干事们一般都会召开数次会议（可视为团队组织培训），以决定详细的活动进程时间表。前期准备会在正式日期前的一个月甚至两个月前就开始进行。灯光、舞台乃至饰品、道具都是由学生亲自动手一点一点的完成。活动安排也会通过每天放学前的班会作出清楚的说明，以保证每名学生都能统一时间，共同完成活动工作。重视的是过程而非结果。

而在国内，此种活动也进行，但通常由学生会干部组成临时的工作组，在一名或数名负责教师的带领下分别完成准备工作。一般而言，能力强的学生、干部也会被多委派更多的工作，对于普通学生而言，主要任务只是完成自己的展示作品，也许还参加展示前一周的布展工作。至于布展所需材料大多以购买为主，重点则放在对展会的设计布局上，看重的是结果而非过程。无论从学生的参与程度还是从每一位学生的锻炼机会来看，国内大学的活动效果都大打折扣。

至于课外研修，日本大学也十分重视，一个学年约设置五次左右的课外活动课程，大多是参观美术馆、展览、艺术品欣赏、大型企业访问等，笔者参与过的就有博物馆参观、芭蕾舞剧欣赏、日本能剧欣赏、香奈儿银座店的访问等等。这也是团队精神培养的一个舞台。此外，日本大学对于学生的考勤是十分重视的。每堂课都会进行点名，期末所发成绩单上也会有明确的记录，并且设有“全勤奖”，对每天按时上课，从无缺席早退情况的优秀学生给予奖励——对团队的管理用的是“法治”。国内大学则是以各专业的教师对出席数重视的程度来决定——对团队的管理用的是“人治”。

总之，日本大学除了学习所需的专业设备配置得相当完善，每名学生都会有亲自操作的机会外，还非常注重学生们的团队精神培养。当然，日本人的团队精神并不是仅在大学培养起来的，但我们从其大学教育过程中亦能看到其团队精神形成的影子。或许这也值得国内大学一鉴。

案例2: 营养午餐

日本人无论是上学还是上班，中午都有营养午餐供应。日本的很多学校都统一订制营养午餐，一到中午下课的时候，值日生负责把饭盒抬过来，分发下去。

这种做法在很多国家都一样，但是，日本人有个做法却与众不同，就是日本的学生一定要等到全班所有人都吃完以后才可以出去玩，只要有一个没有吃完，全班同学都不可以出去。对小孩子来讲，这一点很难做到。一般男生都是狼吞虎咽地吃完，争取多玩一会儿。但是一些女生，尤其是比较斯文的女生，经常吃得慢吞吞的。男生吃完后，会围着吃得最慢的女生：“拜托，快一点！时间都被你耗掉了。”于是，那个女生为了不影响他人，就加快速度，甚至连平时不吃的食物也一股脑地吞下去。

吃营养午餐体现了日本的小孩子所具有的团队精神：男生即使很想出去玩，也要遵守学校的规定；女生为了不影响团队的其他成员，强迫自己加快吃饭速度，并吞下自己不愿意吃的食物。日本的小孩子居然如此重视团队，实在令人感动。可见，日本人浓厚的团队意识、高度一致的团体行为，不是天生如此的，而是从小教育的结果。

（四）日本团队建设带给我们的启示

(1) 发挥传统文化优势，突出以人为本的理念。我们不妨说，日本在团队建设方面凭借的是其悠久的传统。那么我们中国人同样有着悠久的传统，那就是我们自始至终都是以人为本。我们有着几千年的悠久的历史，应该说，在精神文化层面，我们中国有着任何国家无可比拟的文化优势。中国的儒家学说是普遍为我国大众所接受并自觉遵守的一种行为准则，孔子学院在世界上的许多国家生根开花。因此，我们在企业文化建设中，要充分结合我们自身的文化优势和企业的特点进行，在企业文化建设中突出以人为本的特点。

（2）抓好教育，强化制度管理。日本团队建设的成功，教育是非常重要的一个方面，这是值得我们学习的。因此，在企业团队建设中，既要抓好企业层面的教育，创造一种良好的团队氛围，又要通过制度层面的完善，把团队建设制度化、规范化。通过教育与制度两方面的强化，使企业的意志逐渐形成一种员工的自觉行为。

二、美国团队建设模式带给我们的启示

不同国家的团队建设有着不同的特点。我常对学生们说，在学习团队建设时，要学会做比较对照，你就会发现各自的特点。比如美国的团队建设与日本就有着巨大的差异。

日本团队成员没有个性只有组织，所以组织力很强，而美国几乎是恰恰相反，团队成员很张扬、很个性，却也可以有很好的团队，原因是什么呢？我们又能得到哪些启示呢？

（一）美国团队建设的特点是由其历史原因形成的

众所周知，美国是一个移民国家，白人占80%左右，大多是欧洲移民的后裔；黑人3000多万；其余为亚洲和太平洋岛屿移民后裔、印第安人等，是一个多民族、多宗教的国家。

来自世界不同地区、不同民族的人们聚集在一起，必然会引起冲突，这种冲突有文化方面的、习俗方面的等等。为了减少冲突，人们在长期的实践中找到一条大家都能接受的规则，那就是法律。所以，在美国社会准则是通过法律的形式规定下来的，无论是谁都不能违法。

（二）美国团队建设离不开宗教信仰

美国是一个全民信教的国家，大部分国民主要信奉基督教，天主教、犹太教、东正教、佛教、伊斯兰教、道教等宗教亦有一定信众，信仰宗教的公民在总人口中约占91%。正因为美国是一个全民信教的国家，作为美国的国民你必须遵守宗教的法则、尊重他人的宗教习俗。如果你对一个美国的基督徒说："你做错了，你做的与耶稣基督教导的不一样"，他一定会听你的。

（三）美国历史和宗教对团队成员行为方式的影响

在美国，企业的管理是以事为中心的管理，其原因有很多。

一是，由于约束美国人的是法律和宗教，加上美国人的教育模式与中国不同，美国人的家庭观念比中国淡漠得多，使得美国人很自我，有很强的独立精神，喜欢享受自由，具体表现之一就是美国的年轻人喜欢跳槽，这样就使得美国企业的人员流动很快，不得不采用以事为中心的管理。

二是，在美国社会，一切事情只讲法律。所以，在美国判断一件事情正确与错误是很简单的，那就是以法律为准绳，而不管是谁做的。

正因为如此，美国人会很认真地做事，生怕人家说他是不会做事的人。因此美国人非常重视专业精神，他们会把属于自己的那份工作做好。在美国的企业里，分工很细，很专业，因此每个员工都很关注自己的工作，并按照工作的要求去认真地做。

尽管美国人组织观念不强，喜欢彰显个人的能力，但由于他们往往通过法律条义明确了各自相应的权利和义务，所以美国人会为了分内的事情而全力以赴，因而美国的团队同样能形成非常强大的组织力。

美国人对事不对人的行为方式，使得他们在管理方面形成了以事为中心的管理模式，凡事都强调流程和规则，这样的好处就是避免了人情对企业做事和用人方面的干扰。

既然美国的"个性"很强，那么在出现冲突，法律又无法解决时怎么办呢，那岂不是乱套了？不用担心，因为在美国的团队建设中，有一个非常主要的法则，那就是在他们有不同意见的时候，会少数服从多数。

案例：

美日企业在使用员工方面就有区别。由于美国人对自己的工作非常专业，因此，在不同的公司之间跳槽之后，仍然会做同样的工作。而日本人则不一样，由于其传统的终身雇佣制，日本员工一辈子只在一家公司工作，如果只做同样的工作，势必会非常枯燥无味。因此，日本的企业通常倡导员工在不同岗位之间轮训，不仅提高员工的工作兴趣并且能够加深团队成员间的相互了解，从而形成人与人之间互相合作的关系。

（四）美国团队建设带给我们的启示

美国团队建设对我们也有一定的启示和可以借鉴的对方。美国人是以事为中心，我们可把中国式的“以人为中心的管理”与美国式的“以事为中心的管理”结合起来，形成有我们自身特色团队的管理模式。

由于美国人形成了“以事为中心”的管理模式，所以他们判断和处理事情完全依据所谓利害关系的变化，而根本不考虑人情的因素；以事为中心的管理模式强调做事的流程和做事的准则，而不考虑是谁做。

在中国，做事情不考虑人情是万万不可以的，所以中国人在判断和处理事情时要进行全盘考虑，要把利害关系和人情都考虑进去，很多时候会更多地考虑人和人情的因素，这方面与美国有很大的不同。

那么能否把美国“以事为中心”的管理模式与中国的“以人为中心”的管理模式结合起来呢？答案是肯定的。可以从以下三个方面入手。

第一，团队建设中处理事情时要讲究策略，做到在不违反制度和原则的前提下，充分考虑人情的因素。这就要求我们在制定政策时要充分考虑人的因素，在处理问题时，要以情感人、以情动人，注意调动人的主观能动性。毛泽东同志在论述领导干部的作用时说："政治路线确定之后，干部就是决定的因素。"讲的就是人的因素的重要作用。

第二，团队建设中要尽量避免冲突，采取中庸之道。这里的中庸不是做老好人、做和事佬，而是在不违背团队目标的前提下，兼顾各方利益而使事情的各方均能接受某种共识。

我们在团队管理中，要尽量避免做一件事情时让一部分人非常高兴，而另一部分人则气得暴跳如雷，那样就不好。中国式的团队建设要倡导这个原则，"过"与"不及"都不合理，任何事情只要各方接受就好。

第三，把中国式的自我道德约束与监督结合起来。几千年来我们在管理上都强调自我道德约束，强调自我的道德修养，中国人十分强调"厚德"。在《易传·坤·象》中有"地势坤，君子以厚德载物"。中国几千年的历史培育了中国人胸怀坦荡、文明有礼的优秀品质，孕育了中国人德泽育人、容载万物的独特品格。然而，在现代企业管理的团队建设中，仅靠厚德来约束自身是完全不够的，还要有制度和法律，还要有有效的监督。这方面我们要向美国人学习，把道德建设与有效监督结合起来，形成有这个特色的团队建设文化。

第二节　班组团队的要素分析

在班组中，团队建设有四个要素，即：业绩、技能互补、责任共担、目标。

企业的班组不同于其他部门，企业的班组一定要生产出客户满意的合格的产品，因此，企业班组团队建设一定是以业绩作为导向的。见图 2-2-1。

一、班组团队的解释

（一）对班组团队基本要素的理解

三角形的三个顶点分别代表业绩成果、集体工作产品、个人的

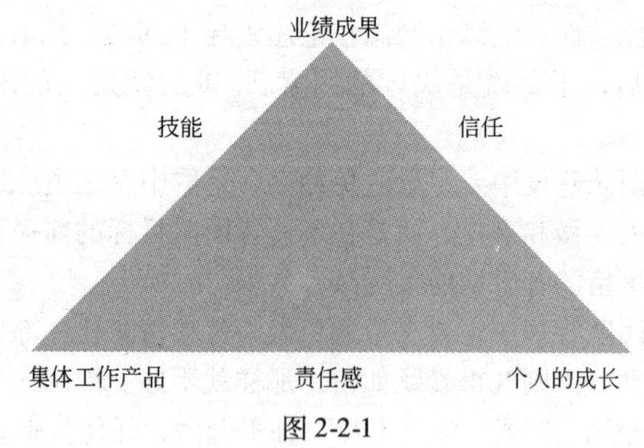

图 2-2-1

成长。

三角形的三条边分别代表团队成员的技能、信任、责任感。

（二）对班组团队的理解

（1）班组团队是组织中的基本业绩单位。
（2）班组团队是对个人创造性和成就的天然补充。
（3）班组团队总是迫切追求业绩挑战的结果。

（三）班组团队为什么要以人为本

班组长要每天与班组成员打交道，要每天带领班组成员去完成工作任务，因此班组长要让班组成员努力工作，首先就要以班组成员为核心，而不是仅仅把自己的事情做好。那么，班组长在以人为本方面要做好哪些方面的工作呢？具体包括以下几个方面：

（1）重视人、关心人、理解人、尊重人。
（2）尊重人的生命。
（3）尊重人的劳动。
（4）尊重人的价值。
（5）尊重人的权利。
（6）尊重人的创新。
（7）尊重人的尊严。
（8）尊重人的个性。

(9) 尊重人的能力。

二、班组团队要素的解释

(一) 业绩

企业要出产品，企业是一个组织，而班组就是这个组织中的基本业绩单位，因此，班组团队一定是业绩的执行单位。而班组团队就是要求把个人责任与相互责任合并起来，这就客观上要求班组团队成员在追求共同业绩目标时要相互依赖，同时成员要严格执行团队约束，转变不情愿情绪，为实现团队业绩去努力。这是班组团队的客观要求。

一个班组是否是真正的团队，其根本点就是看这个班组是否一丝不苟地致力于业绩。

团队业绩对于班组是非常主要的，因为重大的业绩挑战会给团队能量，无论这个团队处于组织中的什么位置。作为管理者只有通过建立强烈的业绩观，而不是迫于环境建立的团队，才能最好地培育出团队业绩。在班组团队中可以允许个人强烈的表现欲，但不能让它妨碍团队的整体业绩。而任何一个团队都有约束或规则，这个规则或约束是创造团队业绩的条件，约束包括团队内的约束和组织内的约束。

(二) 技能互补

在一个班组团队中，成员必须培养起正确的技能组合，每一种技能都是为完成团队的目标所必须的能互济余缺的技能。

班组团队成员的技能要求分为三类，包括技术性或职能性、岗位性的技能；解决问题的技能和决策的技能；人际关系的技能。

在班组团队建设中，一个重要问题就是团队成员的自我表现欲。我们不可能像美国人那样去张扬，不考虑集体而充分表现个人的能力。在中国，个人表现欲一定要与团队的目标结合起来。

案例思考：

美国底特律汽车公司发现，他们和日本丰田汽车不同之处在于：

日本车在引擎盖上的三处地方，使用相同的螺栓去结合不同的部分，而美国汽车同样的装配，却使用了三种不同的螺栓，使汽车的组装较慢和成本较高，为什么底特律公司要使用三种不同的螺栓呢？

在班组团队中，处理好人际关系对班组团队的成功很重要。下面看一个分析。美国卡内基工业大学一万人分析结果：人际关系对团队成功的影响，见图2-2-2。

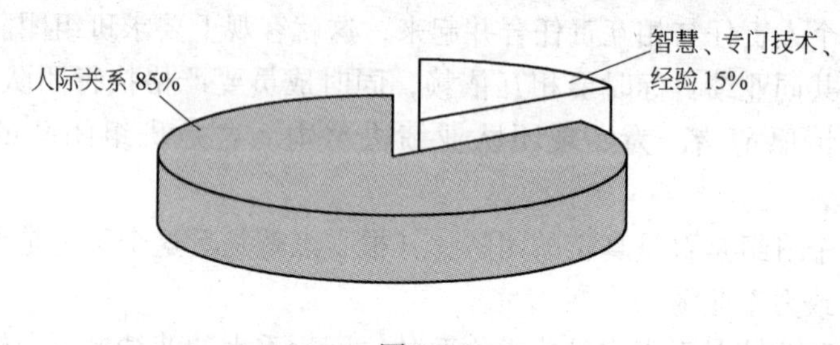

图 2-2-2

（三）责任共担

责任共担首先是一种对团队或工作认知的态度问题，体现为“老板要我负责”还是“我们自己负责”。这种态度决定了团队成员对于责任的态度，也就是团队承担责任是我们对自己和对他人作出的严肃承诺。

为了使团队成员的承诺成为团队的动力，那就要在团队成员一起从事实际工作时培养团队成员的责任感和群体意识，相互承担责任是一种试剂，可以用来检验团队目标和方法的质量。

（四）班组团队目标

这里一定要清楚，班组团队目标的建立不是某个人的意愿，也不是组织的意愿，它是班组成员共同创造的产物。因为只有在集体努力下产生的团队目标，才可以激发班组成员的自豪感和责任心。

在班组建设中，班组长要有意识地经常引导成员讨论团队目标，形成团队目标，这个形式可以为班组团队目标的形成和实现业绩具体目标提供指导。通过讨论可以使团队成员认识到具体业绩目标是团队目标的一部分。同时把班组团队方向性目标转变为可以衡量的具体目标，这是凝聚团队成员的关键步骤。

三、真正的班组团队需要什么

团队不是团体，因此作为班组的团队必须以团队业绩成果为目标，而不是个人的成功。团队需要的是追求大于个体之和的成果（因而团队需要一套各种互补技能的组合）；实现超越个人任务之上的目的；表明共同工作成果的目标；将个人技能聚合成独特的集体技能的方法。

磁石带来的思考——明确目标

用一块磁石的一端对准铁屑的方向，许多铁屑立刻就会被吸附过来；当你把磁铁从这个定点移开，其磁力就随着距离和方向的偏差而减退。一块磁石必须对准一个确定的目标才能吸引铁屑。

如果你在心智以及情绪上自相矛盾，犹豫不决，这就是在分解甚至毁灭你的内在磁力。

什么是你的“内在磁力”？那就是：唯有你自己，才是确立“成功目标”的唯一最佳人选。我们当中有许许多多堪称“千里马”的人却一生碌碌无为，这并不是他们没有才华和能力，而是他们始终“无法决定”。他们或者埋怨“生不逢时”，或者埋怨“伯乐”们有眼无珠。

在前面的分析中，我们知道班组团队目标要通过具体业绩目标来实现。也知道班组团队目标是一种共同创造的产物，它只有在团队的集体努力下才能产生，这样的目标既可激发自豪感也能激发责任心。因此，班组团队目标需要明确——可凝聚人心、有共同愿景；目标需要量化——可测量、可衡量；目标需要分解——可操作性。

具体的业绩目标是团队目标整体的关键，具体业绩目标是团队把方向性目标转变为可以衡量的具体业绩目标，是使共同目标对其成员产生意义的最必要的第一步。

因为，具体业绩目标规定了一种团队工作产品，它有助于团队内部明确的交流和建设性的冲突。具体业绩目标的可实现性会有助于团队把精力持续集中在实现结果上，具有指导团队行为的杠杆效应。业绩目标具有强烈的吸引力，它要求团队成员全身心投入，作为一支团队创造与众不同的结果。

第三节 班组团队建设

一个好的班组团队，在人员的安排方面要做到人事匹配，从而创造一个适合成员发展的环境，还要根据不同情况讲究团队建设的方法。

一、团队需要人事匹配

团队建设中，人和事的匹配是决定因素，要努力做到，事得其才，人尽其用。用人所长天下无不用之人，用人所短天下无可用之人。努力做到人的需求与工作报酬匹配，酬适其需，人尽其力；还要努力做到人与人之间的协调合作、互补，增强凝聚力，发挥每一个人的团队成员作用。同时还要努力使人与工作职务协调合作，权责有序，发挥整体高效优势。

团队人事匹配原理见图 2-2-3。

二、要创造五子登科的工作环境

好的工作环境是班组团队建设的主要内容之一，具体来说包括：要有一个让成员全身心投入工作的场子；有一个让成员人尽其才，才尽其用的台子；有一个发挥成员专长的位子；有一个培养成员攀高峰，出成果的梯子；有一把客观、公正考核评价的尺子。

三、要有一些好的班组团队建设方法

在一定的时期内，班组要确定阶段性的重点和方向，并朝这个阶段性的方向努力，还要特别关注新员工的初始训练和行为规范培养。要根据成员的技能和学习技能的潜力进行培训和培养，而不是根据个

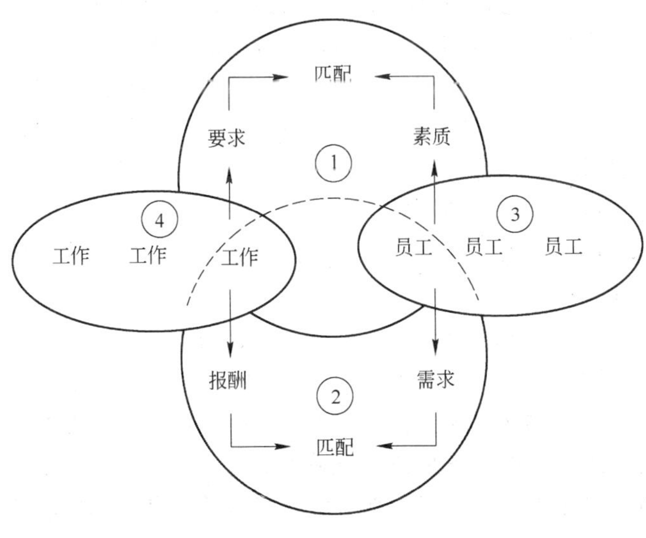

图 2-2-3

性进行培养。要建立和不断完善明确的班组成员行为规则。要为每个岗位提出和抓住几个有立竿见影效果的注重业绩成果的量化目标。同时要经常用新鲜事物和信息向班组成员挑战。班组长要开拓积极反馈、承诺和善于奖励的能力。经常引导成员总结经验，发现冲突并把冲突的观点和经验看作是力量的源泉。

四、班组长是班组团队建设的关键

一是，班组长要明确团队的目标。

一个聪明的班组长要明白真正团队需要什么？班组长的目标是班组的业绩成果，而不是个人的成功，也不是他自己的成功。而班组的业绩取决于每个人的最佳个人贡献，真正团队的业绩需要的是大于个体之和的成果，因而，班组需要一套各种互补技能的组合，需要一种超越个人任务之上的目的，需要表明共同工作成果的目标，需要将个人技能聚合成独特的集体技能的方法。

二是，班组长在团队建设中，要学会有所为和有所不为。

所谓有所为，就是使目的、目标和方法是恰当而有意义的，就是逐步建立起成员的责任感和自信心，通过帮助成员强化综合技能和提高技术水平来提升成员的能力，为班组成员和他人创造机会而不是为自己创造机会。同时要切记处理好与班组团队以外人们的关系。

所谓有所不为，就是对班组成员具体个人在工作中的失败，不加指责，容忍成员的错误、姑息班组业绩上的不足。

三是，班组长要学会激励。

班组长还要学习一些有效的激励理论和激励方法，并有效运用于班组团队建设中。

首先，班组长的以身作则就是对成员的激励。

班组长用“行动”去昭示部下比口头上说，效果要好得多。语言的巨人、行动的矮子现象在现实生活中比比皆是，此种做法乃班组长之大忌。正如日本东芝总裁士光敏夫所言：部下学习的是上级的行动。对班组长来说，当你希望部下做什么时，请拿出你自己的示范行为来。俗话说：“其身正，不令而行；其身不正，虽令不从。”讲的就是这个意思。

作为班组长，当然不可能不“说”，却更忌讳不“做”。“说”与“做”简单的组合有五种，其示范作用各有不同：

（1）说了，不做，负作用最大；

（2）不说，不做，负作用次之；

（3）不说，做了，有积极作用；

（4）边说，边做，有很好的示范作用；

（5）做了，再说，示范作用次之。

对于班组长，部下永远是一面镜子。我们提倡班组长“边说，边做”，因为其积极作用最大。做的过程对班组长来说是一个了解真实状况的过程，对被管理者来说是一个被感召的过程，在这一过程中的“说”更有目的性，更具指导性。

为了“做”得更好，班组长需要对员工有全面的了解，才能实施有效激励。包括：了解员工未来期望；了解员工目前的工作；了解“人岗匹配”情况。

同时班组长还要重视员工的职业生涯管理，这也是班组激励的重要方面，包括：与员工建立共同愿景；注意员工与组织互动式适应；

给员工提供发展自身的机会。

其次，学会用肯定和赞赏来激励成员自我管理。

班组长对员工的影响方式是一种“肯定”的思维。肯定员工的主观能动性，强调以人为本，承认个性都会有意识地追求自身价值。

作为班组长，其主要任务就是运用组织的目标与自身的人格魅力去感召他们，启发他们，让部下产生自我感知，迸发工作的原动力，从而产生巨大的行动能量。

持这种观点的管理者秉持“影响别人最好的方法就是放弃控制他们”的观点，反而使其部下的工作主动性相当突出。

肯定、赞赏是对员工最好的礼物。

如果用马斯洛的需要层次学说来分析，其实是每个人都不想成为“可有可无”类的“多余人”，或者是被他人玩弄于股掌的“小泥人”，每个人都希望别人把自己看成是“自尊人”、“社会人”、“有价值的人”。

由此我们可以得出结论：激励的重点应该放在“肯定”上，正如哈佛大学教授康特所说：“薪资报酬是一种权利，只有肯定才是一个礼物。”

四是，班组长还要学会合理管理时间。

在班组长的心中要时刻牢记“时间就是金钱”。

任何时候先做重要的，再做次要的，不做不必要的；永远只做需要做的事，而不是自己喜欢做的事。

第四节　班组长团队管理应具备的一些激励理论

一个从沙漠走出来的人，许多天来没吃没喝，已经奄奄一息，虚弱地倒在了路边，不时地向路上观望，希望有人来救他。这时，一个商人开着一辆运送食品和水的货车经过这里，看见了路边躺着的人，猜想他一定需要帮助。于是这个商人一只手从口袋里掏出一块黄金，另一只手又拿了一罐八宝粥，商人走到那个人旁边对他说，这两样东西你只能选择一个，你选择哪个？只见那个躺在地上的人毫不犹豫地指向八宝粥。

这个故事给了我们什么启示呢？

每个人由于各自的情况不同，时间空间不同，其需要是不一样的，即使是相同的需求其需求的程度也是不一样的。如果不了解这点就可能达不到正确激励的效果，从而事倍功半。

因此，在班组团队建设中，为了更好地调动成员的积极性，就要求班长学习一些激励的理论，掌握一些激励的方法，学会正确的激励。

虽然在企业管理的理论层面上，中国落后于西方发达国家，但在实践方面我们不乏优秀的企业管理经验，而且在这方面我们有着悠久的历史。请看下面的案例。

案例：

清朝末年的商号经营中，山西商人乔致庸在改革“复字号”的经营体制时，也使用“红利”。他的做法是破除以往只有“掌柜”（相当于今天的店长）才有的“专利”，即在生意里顶着一份身股，享受到四年账期可以领一份红利的制度。破天荒决定给所有伙计（员工）也顶一份身股，这使得他旗下的员工向心力凝聚，还吸引了其他商号中能干的人士前来投奔，这样，商号在扩大经营前，就获得了优良的人才储备。

这个案例说明了什么？请大家思考。

从前面的叙述中我们看到，一个团队领导多学习一些激励知识，对于调动和激发成员的积极性有着重要意义。

下面把比较流行的几种激励理论给大家做一下介绍。

一、马斯洛“人的需求层次”理论

马斯洛“人的需求层次”理论把人的需求分为五个层次，见图2-2-4。

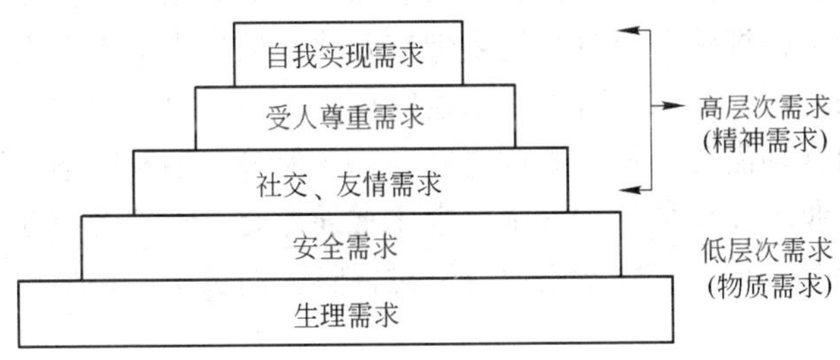

图 2-2-4

马斯洛（Abraham H. Maslow）提出，人有一系列复杂的需要，按其优先次序可以排成梯式的层次，其中包括四点基本假设：

已经满足的需求，不再是激励因素。人们总是在力图满足某种需求，一旦一种需求得到满足，就会有另一种需要取而代之。

大多数人的需要结构很复杂，无论何时都有许多需求影响行为。

一般来说，只有在较低层次的需求得到满足之后，较高层次的需求才会有足够的活力驱动行为。

满足较高层次需求的途径多于满足较低层次需求的途径。

马斯洛理论把需求分成生理需求、安全需求、社交需求、尊重需求和自我实现需求五类，依次由较低层次到较高层次。

生理需求：对食物、水、空气和住房等需求都是生理需求，这类需求的级别最低，人们在转向较高层次的需求之前，总是尽力满足这类需求。一个人在饥饿时不会对其他任何事物感兴趣，他的主要动力是得到食物。即使在今天，还有许多人不能满足这些基本的生理需求。管理人员应该明白，如果员工还在为生理需求而忙碌时，他们所真正关心的问题就与他们所做的工作无关。当努力用满足这类需求来激励下属时，我们是基于这种假设，即人们为报酬而工作，主要关于收入、舒适等等，所以激励时试图利用增加工资、改善劳动条件、给予更多的业余时间和工间休息、提高福利待遇等来激励员工。

安全需求：安全需求包括对人身安全、生活稳定以及免遭痛苦、威胁或疾病等的需求。和生理需求一样，在安全需求没有得到满足之前，人们唯一关心的就是这种需求。对许多员工而言，安全需求表现为安全而稳定以及有医疗保险、失业保险和退休福利等。受安全需求激励的人，在评估职业时，主要把它看作不致失去基本需求满足的保障。如果管理人员认为对员工来说安全需求最重要，他们就在管理中着重利用这种需要，强调规章制度、职业保障、福利待遇，并保护员工不致失业。如果员工对安全需求非常强烈时，管理者在处理问题时就不应标新立异，并应该避免或反对冒险，而员工们将循规蹈矩地完成工作。

社交需求：社交需求包括对友谊、爱情以及隶属关系的需求。当生理需求和安全需求得到满足后，社交需求就会突出出来，进而产生激励作用。在马斯洛需求层次中，这一层次是与前两层次截然不同的另一层次。这些需要如果得不到满足，就会影响员工的精神，导致高缺勤率、低生产率、对工作不满及情绪低落。管理者必须意识到，当社交需求成为主要的激励源时，工作被人们视为寻找和建立温馨和谐人际关系的机会，能够提供同事间社交往来机会的职业会受到重视。管理者感到下属努力追求满足这类需求时，通常会采取支持与赞许的态度，十分强调能为共事的人所接受，开展有组织的体育比赛和集体聚会等业务活动，并且遵从集体行为规范。

尊重需求：尊重需求既包括对成就或自我价值的个人感觉，也包括他人对自己的认可与尊重。有尊重需求的人希望别人按照他们的实际形象来接受他们，并认为他们有能力，能胜任工作。他们关心的是成就、名声、地位和晋升机会。这是由于别人认识到他们的才能而得到的。当他们得到这些时，不仅赢得了人们的尊重，同时就其内心因对自己价值的满足而充满自信。不能满足这类需求，就会使他们感到沮丧。如果别人给予的荣誉不是根据其真才实学，而是徒有虚名，也会对他们的心理构成威胁。在激励员工时应特别注意有尊重需求的管理人员，应采取公开奖励和表扬的方式。布置工作要特别强调工作的艰巨性以及成功所需要的高超技巧等。颁发荣誉奖章、在公司的刊物上发表表扬文章、公布优秀员工光荣榜等手段都可以提高人们对自己工作的自豪感。

自我实现需求：自我实现需求的目标是自我实现，或是发挥潜能。达到自我实现境界的人，接受自己也接受他人。解决问题能力增强，自觉性提高，善于独立处事，要求不受打扰地独处。要满足这种尽量发挥自己才能的需求，他应该已在某个时刻部分地满足了其他的需求。当然自我实现的人可能过分关注这种最高层次的需求的满足，以至于自觉或不自觉地放弃满足较低层次的需求。自我实现需求占支配地位的人，会受到激励，在工作中运用最富于创造性和建设性的技巧。重视这种需求的管理者会认识到，无论哪种工作都可以进行创新，创造性并非管理人员独有，而是每个人都期望拥有的。为了使工作有意义，强调自我实现的管理者，会在设计工作时考虑运用适应复杂情况的策略，会给身怀绝技的人委派特别任务以施展才华，或者在设计工作程序和制定执行计划时为员工群体留有余地。

马斯洛需求层次理论假定，人们被激励起来去满足一项或多项在他们一生中很重要的需求。更进一步地说，任何一种特定需求的强烈程度取决于他在需求层次中的地位，以及它和所有其他更低层次需求的满足程度。马斯洛的理论认为，激励的过程是动态的、逐步的、有因果关系的。在这一过程中，一套不断变化的“重要”的需求控制着人们的行为，这种等级关系并非对所有的人都是一样的。社交需求和尊重需求这样的中层需求尤其如此，其排列顺序因人而异。不过马斯洛也明确指出，人们总是优先满足生理需求，而自我实现的需求则是最难以满足的。

马斯洛的需求层次理论阐明人们究竟会重视哪些目标，也说明了哪些类型的行为将影响各种需求的满足，但是对为什么会产生需求涉及得很少。这些理论也指出，大多数人都存在着较高层次的需求，而且只要环境不妨碍这些较高层次的出现，这些需求就能激励大多数人。

许多的研究表明，高层管理人员和基本管理人员相比，更能够满足他们的较高层次的需求，因为高层管理人员面临着有挑战性的工作，在工作中他们能够自我实现，而基层管理人员更多地从事常规的工作，满足较高层需求就相对困难一些。而且需求的满足根据一个人在组织中所做的工作、年龄、公司规模以及员工文化背景等因素的不同而有所差异。

因此，团队领导者要根据团队成员的层次、成员的特点，确定不同的激励途径。

生产指挥系统的管理人员在安全、社交、尊重和自我实现方面比科室人员感到更大的满足，双方在尊重和自我实现需求上的差距最大。

在尊重和自我实现的需求方面，年轻员工（25 岁或以下）的要求比较年长的员工（36 岁或以上）更强烈。

低层次的管理部门和小公司的管理人员比在大公司工作的管理人员更易感到需求得到满足。

事实表明，个人和组织中的事件能够而且确实能改变需求。组织中的习惯做法会强烈地影响许多高层次需求的产生并给予满足。例如，根据过去胜任工作而给予的晋升能够激发员工的尊重需求。而且，随着管理人员在组织中的发展，安全需求逐渐减弱，而社交、尊重和自我实现的需求则相应增强。下面是需求层次理论主要研究发现的概括：

需求可以认为是个人努力争取实现的愿望。只有满足较低层次的需求，高层次需求才能发挥激励作用。

在特定时间内，人可能受到各种需求的激励。任何人的需求层次都会受到个人差异的影响，并且会随时间的推移而发生变化。

二、期望激励理论

1964 年，美国心理学家费鲁姆首先提出，人们从事某一工作的动机强度，或者被激发出来的力量大小，取决于目标价值大小和预计能够达到这个目标的程度。基本模式是：

$$激励力量 = \Sigma(效价 \times 期望值)$$

效价是指被激励人对从事工作所要达到目标的估价：

$$-1 \leqslant 效价 \leqslant 1$$

期望值是指被激励人对某项目标能够实现的概率估计：

$$0 \leqslant 期望值 \leqslant 1$$

效价与期望值的不同结合，会产生不同的激发力量。作业长把握期望理论的现实意义是：学会正确揣摸和估价员工各自不同的效价与期望值，对他们采取有针对性激励的管理对策，使对员工的激发力量达到足够大。

三、艾德弗的需要三层次理论

艾德弗的需要三层次理论见表 2-2-1。

表 2-2-1　艾德弗的需要三层次理论

成长的需要	对自我发展、创造性和有成果的工作的需要	允许人们不断提高他们的技巧和能力，从事有意义的工作
关系的需要	对好的人际关系、想法和感情的共享以及双向交流的需要	促进好的人际关系和提供准确的反馈
生存的需要	对食物、水、衣服、住处和安全的生存环境的需要	提供足够的报酬，使人们具有生活和安全工作环境的必需品

四、赫茨伯格的双因素理论

赫茨伯格的双因素理论见表 2-2-2。

表 2-2-2　赫茨伯格的双因素理论

激励因素	与工作的本质和工作的挑战性有关，如有趣的工作、自主、责任、成长、成就感	激励因素得到满足，员工将达到高度激励和满意
保健因素	与工作中生理、心理内容有关，如舒心的工作环境、满意的职业稳定性、良好的人际关系、合适的监督等	保健因素得到满足，员工不会产生不满意，但保健因素不会导致高水平的激励和高水平的工作满意度

五、亚当斯的公平理论

公平理论强调决定激励的主要因素是人的所得与其所投入的相对水平，而不是绝对水平。具体地说，激励受到个人对所得/投入之比与参照者的所得/投入之比的比较结果的影响，如果两个比值相当，认为是公平的，否则就是不公平的（有低报酬不公平和高报酬不公平两种）。

公平理论通过探讨人们如何觉察工作所得与工作投入的关系，对期望理论和需要理论做了补充。

根据公平理论，低报酬不公平和高报酬不公平会产生一种张力，激励大多数的人将所得/投入的比例重新平衡，来恢复公平。

恢复公平的途径：

对于低报酬不公平：减少投入；或者要求增加报酬。

对于高报酬不公平：增加投入；或者改变对投入或报酬的看法。

六、斯金纳的强化理论

个体总是学习去做那些能产生正面结果的行为而避免产生负面结果的行为。如果高水平业绩和目标的实现允许人们获得他们所期望的结果，人们就会被激励达到高水平的业绩和实现他们的工作目标。通过将特定行为的业绩和特定结果的获得联系起来，管理者就能激励组织成员按照那些有助于组织目标实现的方式行动。

积极强化（正强化）：告诫人们只要执行组织职能行为，就会使他们得到他们所希望的结果，如奖金、职位晋升等。

消极强化（负强化）：告诫人们只要执行组织职能行为，就会避免得到他们不希望得到的结果，如不和悦的脸色、严肃批评、扣奖金、记过处分、开除、失业威胁等。

消退：通过消除强化某一行为的积极强化物，而促使该行为自然消退。

惩罚：让具有某种不良行为的员工承担他们所不希望或负面的结果，如处分、降薪、解雇等。

消极强化（负强化）与惩罚之间的区别：

一是，消极强化用于防止不良行为的出现，而惩罚是用于制止已经出现的不良行为；

二是，当执行职能行为时，消极强化需要移走消极的结果；而当执行不良行为时，惩罚包含了对消极的后果进行管理。

讨论：

增加工资还是增加奖金？

在增加金额相同的情况下，奖金更具有激励作用。因为：

(1) 工资水平主要是以业绩水平、日常生活成本以及开始工作的时间而定，即它的绝对水平大多不是与当前业绩相关。

(2) 当前工资的增加可能受到除了业绩以外的其他因素的影响，如通货膨胀。

(3) 由于组织很少降低工资，与业绩水平相比，工资水平很少有改动。

总之，奖金使管理者在分配上更加灵活。

第五节　班组团队管理技巧

一、用人所长

在一个团队中，每个人总有这样或那样的缺点，每个人也总有一些优点，作为班组团队的核心，班组长应该善于发挥每个人的长处，调动每一个人的积极性，使每名团队的成员的优势得以发挥。作为班组长一定要记住，自己再优秀也不是一名好班长，把整个班组带优秀才是好班长。班组长应该牢记，用人所长天下无不用之人，用人所短天下无可用之人。清人顾嗣协曾写有一诗：“骏马能历险，力田不如牛；坚车能载重，渡河不如舟；舍长以就短，智者难为谋；生才贵适用，慎勿多苛求。”此诗非常贴切地说明了用人之长的道理。

管理故事：

老子回过头来问老翁：“是石头寿命长呢，还是砖头寿命长?”老翁说：“当然石头了。”

老子释然而笑说：“石头寿命长人们却不择它，砖头寿命短，人们却择它，不过是有用和没用罢了。天地万物莫不如此。寿虽短，于人于天有益，天人皆择之，皆念之，短亦不短；寿虽长，于人于天无用，天人皆摒弃，倏忽忘之，长亦是短啊。”老翁顿然大惭。

二、建设和谐的团队氛围

一个好的团队一定要有与之相适应的团队氛围。好的团队氛围有助于提高工作效率，提高士气，提升团队凝聚力，甚至在困难面前，在个人利益面前，在矛盾面前，团队成员会为了大目标而暂时放弃自己的一些利益（当然付出一定要有回报）而团队的领导、公司的领导，也会因了自己的团队有好的氛围和凝聚力而使得管理变的简单而高效——更容易实现以结果为导向。在这里想和大家探讨，作为一个团队的领导，如何能够打造出一个好的团队氛围？

好的团队应该有积极的氛围，它包括责任、信任、理解、宽容、进取等等，而消极的氛围包括悲观、埋怨、急躁、懒惰、狭隘等。积极的氛围有利于团队的建设、消极氛围会阻碍团队的建设。

消极的和积极的氛围如同下面的“消极树”和“积极树”（见图2-2-5 和图 2-2-6）。

图 2-2-5

从“积极树”上看，积极的团队氛围就是一颗生机勃勃的大树，充满朝气，催人奋发。而在“消极树”上，我们看到的是消沉、堕落。

建设一个好的团队氛围有很多因素，现把班组长在建设团队氛围中的几个要点分述如下。

积极树

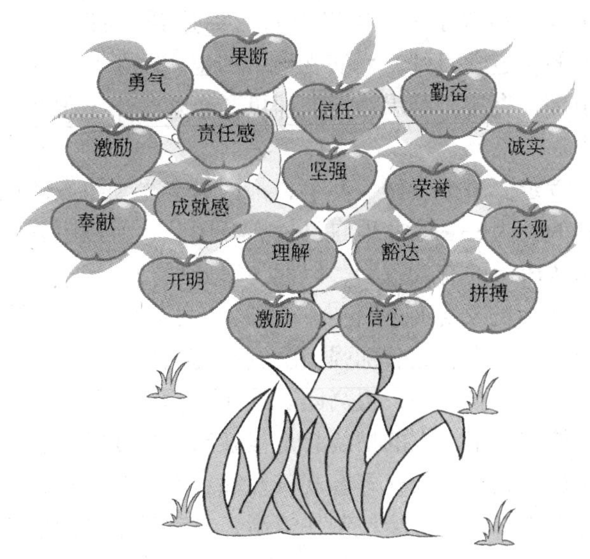

图 2-2-6

一是，以身作则。班组长首先要做好本职工作，这是根本。作为班组团队管理者，如果连自己的本职工作都做不好，很难在团队成员间拥有基本的理解和信任，更难以得到大家的拥护和支持了。所以无论班组长在这个团队中是专家型、关系型、任务型或者管理型的，做好本职工作是基础。也只有把你应该做的做好了，方能对团队成员有起码的影响力。现实中，很多班组团队建设不好，就是因为班组长自身工作没做好，对下属的工作指手画脚，让下属很不服气，下属常常会想，你自己的工作都干不好，凭什么瞎指挥我？

二是，坦诚。团队的基础是信任，那么如何才能让团队成员间彼此信任？如何才能让他们信任你？班组长的坦诚是必需的。很多人会说要求一碗水端平，但是要求一碗水端平的时候，就已经没端平了。对于一个有着良好沟通，成员坦诚相待的团队来说，是不存在这样的问题的。坦诚还有一个好处就是直接，每个人都会为了这样那样的原因和需求走到一起，有的是因为收入，有的是为了学习，还有的是为了实现自己的抱负，无论如何，当大家坦诚地将自己的需求说出来时，事情也变得简单了——当组织的目标达到，那么要钱的就有了钱，想学习的一定学习到，而实现抱负的也实现了。因而班组长的管理也简单很多，直接以结果为导向即可，企业也少了很多潜规则，效率高了很多。

三是，肯定。每个人做一些事，都因为会受到组织的压力而采取对组织有利的行为——除非他自己要离开团队，所以团队的领导应及时地肯定团队成员的有效行为，以期使得此种行为能够长久，并使此种肯定彼此行为的文化保留下来，发展开去，在团队成员彼此间形成。这样的好处一来有利于加强团队成员的感情和凝聚力，二来有利于提高团队成员的自信心，提高团队战斗力。

四是，控制情绪。人的情绪总是很敏感、多变的，也容易受各种因素影响，比如家庭、天气等客观条件的负面刺激。作为班组团队的管理者，班组长必须要学会控制住情绪，尤其是不良的情绪。如果没控制住情绪，那么后面所有的行为对班组团队建设没有任何好处。一个人能否控制住情绪，和一个人的情商高低有很大的关系，情商越高对情绪的把控能力越强。

五是，关心下属。当下属没有完成工作或工作出现错误时，就该在工作上多关心。要了解事情的原因，到底是他的能力问题，还是一些客观原因，然后，协助他采取措施或者帮助他提高能力和技能，确保下次不犯同样的错误。同时，还要给予心理上的支持，鼓舞他的士气，不要让他自卑。另外，在生活上也要多关心团队成员，比如班组成员失恋了、生病了或家庭中出现了问题等，都要尽可能地给予帮助或关心，要像个知心朋友给予更多的理解。

六是，建立良好的沟通平台。与团队成员沟通的是否通畅很重要。比如，你和团队成员之间能很好地沟通吗？你的工作想法全体成员都能很好地理解并落实吗？在班组团队中，还有非正式组织、小团队吗？你能了解大部分成员的工作状态、思想状况吗？等等。光有积极的沟通想法，未必就能达成沟通效果，还需要有良好的沟通平台，比如每天的班前会、每周的例会，或其他非正式沟通都可以是很好的沟通平台。切记，如果你想听到真心话，就不要把沟通搞的过于正式，可以有效利用各种形式的非正式沟通。

三、宝钢雁式团队建设案例分析

每当大雁展翅飞翔时，总会形成一个V字队形，每只雁的高飞，也为后边的队友提供了“向上”之风。当某只雁偏离队伍时，他会立即飞回队伍，善用同伴提供的“向上”之风。当前导的大雁疲倦时，它会退到队伍的后方，而另一只雁则会飞到前导位置弥补。

宝钢股份销售部由原不同的六个部门整合而成，成员组建新的团队，这是个各业务相隔性强、连接着现场和市场两个重要环节的团队，内部相互沟通协调，相互帮助配合，形成强大合力的雁式团队。

宝钢的雁式团队建设有如下做法。

第一，雁队精神的灌输。

(1) 建设一流队伍：竞争氛围；

(2) 培养一流作风：爱岗敬业；

(3) 掌握一流技术：不断学习；

(4) 实行一流管理：更新观念；

(5) 生产一流产品：持续改进；

(6) 凡事有教育感化先行；

(7) 凡事有制度可循；

(8) 凡事有责任人可查；

(9) 凡事有考核标准可依；

(10) 凡事从小事做起。

第二，雁队目标的确立。

(1) 所有成员发自内心的共同愿景；

(2) 争创世界一流的营销团队；

(3) 工作伙伴、开诚布公、相互依存、团队协作、雁阵合力；

(4) 不让一个员工掉队。

第三，打造雁队组织的亲和力。

(1) 班组和家庭一样亲切；

(2) 员工生日祝贺制；

（3）“入党生日”谈话制度；

（4）班组建设活动——“三国风云”训练；

（5）深度会谈的班组学习；

（6）互相探讨、互相对话、互相交流、互相沟通；

（7）追求卓越，实现自我超越。

第四，对年轻人的蘑菇管理。

（1）蘑菇管理是许多管理者对待初出茅庐者的一种管理方法，他们被置于阴暗角落（不受重视的部门或跑腿的工作），有时还被浇上一头大粪（无端的批评、职责、代人受过），自生自灭（得不到指导和提携）。

（2）这是坏事吗？

（3）蚕茧，羽化前的经历！

（4）如何高效率地走过生命中的这一段？

第六节 班组长团队建设的六项原则

一、当一个好领导

当一个好领导就是要知人善任、学会驭人之术，具体包括以下 8 个方面：

一是，经常给予成员们非常明确且有建设性的回馈，并且平衡正面和负面评价。经常性地一对一谈话，根据每个人的专长建议问题的解决方式。

二是，把权力下放给团队，千万别事必躬亲，给成员们自由挥洒的空间，但是有需要时要让他们随时找得到你，给他们一些长期的专案，来帮助团队解决大的问题。

三是，对团队成员的成就和心情保持高度的兴趣，知道他们除了工作以外也是有生活的，让每个新成员觉得他是受欢迎的，来降低过渡期的焦虑。

四是，不要优柔寡断，注重结果，把注意力放在团队成员到底想要什么成就上，同时要按照重要程度对团队工作进行排序，并且利用你的职位和资源帮助团队移除工作中的障碍。

五是，用心在沟通上面，并且聆听团队的声音，沟通是双方的，你要分享资讯，但也要聆听。定期召开全员会议，直截了当地说明团队的目标和你需要沟通的讯息，千万不要拐弯抹角。奖励开诚布公的发言，用心聆听团队成员们的问题和忧虑。

六是，帮助你的团队成员计划他们的生涯。

七是，团队必须知道你有一个非常清楚的愿景和策略，即使是在最糟的谷底，也要确认团队上下有一致的目标和策略。让成员们参与愿景的设立，并且随着时间提升目标，不断地朝着它前进。

八是，拥有关键的技术能力来帮助他们解决问题，有必要的话，把袖子卷起来，跟成员们一起工作吧。

二、做一个好教练

教练与领导是不一样的。一个好的教练其要义在于培养出好的队员，而好的领导的要义在于指导下属。作业区或班组属于基层，越是在基层，作业长或班组长就越是要既当好领导又当好教练。

这里所说的教练不是体育运动中的教练，这里讲的教练是企业中的基层领导者培养下属意义上的教练。体育运动中的教练与企业基层的教练两者共同点是：教练不用亲自上场，而是激发他人的潜能去完成任务达成目标。用中国古代哲人管子的话就是：毋代马走，使尽其力；毋代鸟飞，使弊其羽翼；毋先物动，以观其则。动则失位，静乃自得。

国际教练协会对教练有如下的定义：“教练是一种持续的合作伙伴关系，帮助来访者获得圆满的个人生活及事业。通过教练，来访者加深了学习，改善了表现，并提高了他们的生活质量。”“教练是一个互动的过程，它帮助个人及组织得到更快的发展，并产生更为理想的效果。进行教练后，来访者能建立更佳的目标，采取更多的行动，做出更好的决定，更大程度地发挥他们的天赋。”

教练型领导与一般管理者的区别是：教练不给答案，而是通过有效的问题去启发员工的思维，让他自己找到答案，然后去执行；教练没有人身攻击，只有真实的行为反应；教练多用鼓励和激励；教练是授人以渔，而不是授人以鱼。这样下属掌握的是工作和分析的技能，以后再出现类似的事情，他就可以自己分析自己列计划自己去行动，不用每次都来找你麻烦，下属得到了成长，你得到更多的自由时间，何乐而不为呢？

因此，教练不同于领导，教练的座右铭是让别人赢，自己才能赢；教练的身份是客观、启蒙、中立；教练的效果是持续终身。

三、完善团队规则

一个组织要有组织力就需要规则，而一个团队也应有规则，而且要有更加适合的团队规则。因为管理是团队行为，既然是管理行为，那就要在一定程度上剥夺个人的部分选择权，就要让团队成员服从于团队目标。然而，你可以剥夺的仅仅是个人的部分行动权，但不能够剥夺员工的价值观决定权，因此就会出现冲突。而团队规则的建立恰恰是为了实现团队的目标，减少个人与团队的冲突。

团队规则从开始制定到不断完善有一个过程。团队规则的建立不同于规章制度的建立，它需要团队成员的共同参与，并且不断完善。

（一）团队规则原理之一：蛇蛙原理

夏日的中午，一个农夫在池塘边休息，忽然看到一条蛇捉住了一只青蛙，想把它当做午餐，农夫看着可怜的青蛙顿生怜悯之心，就对蛇说："你看这个青蛙多可怜呀，也许它家里还有孩子需要它抚养呢，你就放了它吧！"蛇说："如果放了它，我就得饿死呀。"农夫一想也对，于是拿出了自己的午餐一个牛肉干给蛇，说："你放了青蛙吧，我把这个牛肉干给你"，蛇很高兴，放了青蛙，津津有味地吃起了美味的牛肉干。农夫很高兴，因为他今天救了一个生命。第二天中午，农夫又到池塘边休息，忽然发现蛇嘴里叼着两只青蛙，蛇说："我今天早上就没有吃东西，感觉特别饿"，于是农夫给了蛇两个牛肉干，蛇吃着牛肉干满心欢喜地走了。农夫更加高兴，因为他今天救了两个生命。第三天中午，当农夫再来到池塘边的时候，马上傻眼了，他看到几十条蛇每条嘴里都叼着两只青蛙……

这就是蛇蛙原理的故事，其实说的就是自己做了坏事，却以为自己做了好事。

在管理工作中，有很多“蛇蛙现象”，看看自己身边的同事和员工是否有这样的事情，看看技术型管理者的你是否犯过这样的错。

案例 1：

为了赶进度工作，于是让某人加班来完成，工作如期完成了，感觉应该给加班人一定的补偿，于是设立了加班费。刚开始的时候确实调动了很多人的积极性，时间一长好像发现不对劲。加班的人多了，但好像很多人并不需要加班，原本白天可以做完的工作，要拖到晚上来做，一些住宿舍晚上没什么事的人，也都开始加班工作。

案例 2：

公司涨工资、评职称、发奖金的时候，谁呼声高你就得多加考虑，而那些平时在工作中勤勤恳恳的人，习惯了沉默，你就以为他们没有要求，所以也就考虑得少。真正应了那句话——会哭的孩子有奶吃。你以为是在考虑部门的氛围，实则伤了真正脚踏实地干活人的心，他们没有提出要求是因为他们善良，一旦他们伤透心的时候就是他们离开的时候，而且不会告诉你真正的原因。

案例 3：

项目正是最紧张的时候，你的下属找到你，希望你能够给他涨工资，否则他就离职。你知道他最近要买房子，经济负担比较重，而且他是这个项目的主力，你不希望他离开，因为那对项目的影响非常大。于是你同意了他涨工资的请求，并要求他保密。但是纸包不住火，你发现项目组其他成员的工作积极性好像大不如前了，与此同时，你非常担心其他成员会和你提出同样的要求。

案例 4：

说说管孩子吧，你的小孩如果有不顺心的事情就会哭，为了不让小孩哭，你马上拿来巧克力或糖果哄他，开始确实很管用，可是时间一长，你发现小孩好像比以前更爱哭了，于是你只好拿巧克力或糖果哄他！

（二）团队规则原理之二：火炉法则

所谓“火炉法则”，就是把“火炉”烧得红红的，放在那里，本身并不会主动烫人，但只要有人去触摸，它就必烫无疑，不管你是谁，谁摸烫谁，而且立即处罚，没有特例。

火炉法则的四个特性：

（1）警示性：一个火炉放在那里，熊熊火苗，告诫旁人不能轻易触碰和跨越，自然具有威慑力。团队的制度就是规范，也应具有警示作用，对员工应起到事前的一个约束与预防作用。

（2）及时性：触碰火炉不是摸上去，等一下再感觉到热。违背制度马上得到相应的惩处，承担相应的责任，及时性是奖惩的一个重要原则。

（3）必然性：如果你去触碰火炉，你必然会被灼伤，而不会这次碰了会灼伤，下次就不会灼伤。违背制度必然会承担相应的后果，而不会因为时间、地点的改变而改变。

（4）平等性：不管你是什么人，一般工人也好，政府官员也好，企业老板也好，去触碰了火炉，都会被灼伤，火炉不会因为你是什么人而选择是否灼伤。在制度面前，人人平等，谁违反了制度，都会受到相应的惩戒。

从这四个方面来看，用火炉来比喻团队制度和制度的执行，倒也显得十分贴切。换言之，对于制度建设，教育和规劝违法乱纪的社会行为确有必要，但还应与“严厉的惩罚”相结合，方能产生“治标”的同时，更能“治本”的效果。“教育规劝”也好，“培养守则意识”也罢，都只是寄托在“行为人能够自觉遵守”这一点上；而严厉的处罚，则是层级领导强制行为人必须遵守，是对上述“行为要求”的一种必要的配套措施。

（三）团队规则原理之三：亚斯兰现象

将一群羊用铁丝网圈起来，每天都有羊跳出铁丝网逃走，羊群的数量不断减少。后来将铁丝网通上电，开始还是有羊不断冲击电网，也有的羊因此而死掉。但是，慢慢地冲击电网的羊就越来越少了，羊群里的羊都远离电网，羊的数量也不再减少了。再后来，铁丝网保留，但是已经不再通电了，可是羊群依然不再靠近铁丝网。最后，连铁丝网都撤掉了，但是羊已经习惯了在这个区域内活动了，不会走出圈子外去了，这就是“亚斯兰”现象。

“亚斯兰”现象在管理学上的应用是非常有效的。它告诉基层管理者们在管理之始就要考虑并制定好规则，也就是这里的“电网”，只要违规一定会受罚，而且要坚持，那么每次违规都会遭到电击，久而久之成员就会养成一个习惯。他们长期只在规则允许的范围内活动做事情，在经过长期的坚持之后，成员的习惯就会逐渐养成，就会自然而然地按照规则去做。这里的关键是对第一次违规的处罚，在现实中我们会遇到一些好心的基层管理者，他们常常会说：“念你是初犯，下不为例!”。在现实中我们会发现，有了这下不为例，就会有第二次、第三次的错误发生。

首钢公司的某企业曾经刚开始实行禁烟的时候，做出了规定：发现吸烟罚款50元。可是实行了近一年厂区内还是有人吸烟。原因是什么呢？那就是很多基层管理者常常持有“下不为例”的态度。后来这个厂的领导下了决心，不管是谁只要发现一律罚款200元，如果发现基层领导“下不为例”处理问题时，对基层领导加倍处罚并且以后的涨工资升级等都受到影响。此后没多久，这个厂就成了真正意义的“无烟厂”。

（四）团队规则原理之四：破窗理论

一个房子如果窗户破了，没有人去修补，隔不久，其他的窗户也会莫名其妙地被人打破；一面墙，如果出现一些涂鸦没有被清洗掉，很快地，墙上就布满了乱七八糟、不堪入目的东西；一个很干净的地方，人们不好意思丢垃圾，但是一旦地上有垃圾出现之后，人们就会毫不犹豫地扔垃圾，丝毫不觉羞愧。

美国有一家以极少炒员工著称的公司，一天，资深熟手车工哈尔为了赶在中午休息之前完成三分之二的零件，在切割台上工作了一会儿之后，就把切割刀前的防护挡板卸下放在一旁，没有防护挡板收取加工零件更方便更快捷。大约过了一个多小时，哈尔的举动被无意间走进车间巡视的主管逮了个正着。主管大发雷霆，除了目视着哈尔立即将防护板装上之外，又站在那里控制不住地大声训斥了半天，并声称要作废哈尔一整天的工作量。事已至此，哈尔以为结束了，没想到，第二天一上班，有人通知哈尔去见老板。在那间哈尔受过好多次鼓励和表彰的总裁室里，哈尔听到了要将他辞退的处罚通知。总裁说："身为老员工，你应该比任何人都明白安全对于公司意味着什么。你今天少完成几个零件，少实现了利润，公司可以换个人，换个时间，把它们补起来，可你一旦发生事故失去健康乃至生命，那是公司永远都补偿不起的……"

离开公司那天，哈尔百感交集……可是这一切已经无可挽回了。

这个故事给基层领导者的启示就是，对于影响深远的"小过错"一定要"小题大做"去及时处理，以防止"千里之堤，溃于蚁穴"。

四、解决团队冲突

不管是团队还是人群，由于团队成员在教育、经历、性格等方面的诸多差异，不可避免地会产生意见上的分歧、产生利益上看法的不一致等。这些都可能会引起冲突，也就是我们所说的矛盾。矛盾是普遍存在的，问题是在团队中，团队领导者能够有效地化解矛盾。

由于矛盾引起的冲突是多种多样的，有层级间的冲突、个人与群体的冲突、利益的冲突、情感的冲突、工作冲突、群体间的冲突、良性冲突和恶性的冲突、小团体间的冲突等等。不同的冲突解决的办法会有所区别，因此，作为基层领导者要意识到这些冲突对团队建设带来的巨大影响，找到能够正确化解这些冲突的办法或途径。那么，如何对待和解决团队冲突呢?

禅宗故事：一个人发现地毯上有一处扰人心烦的凸起，她尝试梳理地毯的纹路，但每每凸起都在梳过之后再度出现。无奈之中，她将地毯掀了起来，令人惊讶的是，地毯下滑出了一条愤怒的蛇。这个人终于发现只有将这条蛇清除，地毯才会平整。

毛泽东说：“任何过程如果有多种矛盾存在的话，其中必定有一种是主要的，起着领导的、决定的作用，其他则处于次要和服从的地位。因此，研究任何过程，如果是存在着两个以上矛盾的复杂过程的话，就要用全力找出它的主要矛盾。抓住了这个主要矛盾，一切问题就迎刃而解了。”（《毛泽东选集》第一卷第三一零页。）说的就是这个道理，在这个故事中，地毯不平的原因有很多，蛇是造成地毯不平的主要矛盾，把蛇清除了，地毯的平整问题就好解决了。

当然，在我们的日常生活中，很多主要矛盾是“隐身”的，需要我们的基层管理者去发现隐藏在深层的主要矛盾。

一般而言，冲突的发展要经历五个阶段，它们是潜伏阶段、被认识阶段、被感觉阶段、处理阶段和结局阶段。

一是，潜伏阶段。潜伏阶段是冲突的萌芽期，这时候冲突还属于次要矛盾，对冲突的存在还没有觉醒。在这个阶段，冲突产生的温床已经存在，随着环境的变化，潜伏的冲突可能会消失，也可能被激化。

二是，被认识阶段。在这个阶段，已经感觉到了冲突的存在，但是这时还没有意识到冲突的重要性，冲突还没有对员工造成实际的危害。如果这时及时采取措施，可以将未来可能爆发的冲突缓和下去。

三是，被感觉阶段。在这个阶段，冲突已经造成了情绪上的影响。可能会对不公的待遇感到气愤，也可能对需要进行的选择感到困惑。不同的个人对冲突的感觉是不同的，这与当事人的个性、价值观等因素有关。

四是，处理阶段。需要对冲突做出处理，处理的方式是多种多样的，比如逃避、妥协、合作等等。对于不同的冲突有不同的处理方式，即便是同样的冲突，不同的个人采取的措施也不尽相同。对冲突的处理，集中体现了个人的处世方式和处世能力，也体现了个人的价值体系和对自己的认识。

五是，结局阶段。冲突的处理总会有结果。不同的处理方式会产生不同的结果。结果有可能是有利于当事人的，也可能不利于当事人。当冲突被彻底解决时，该结果的作用将会持续下去。但很多情况下，冲突并没有被彻底解决，该结果只是阶段性的结果。有时甚至处理了一个冲突，又会带来其他几个冲突。

比如，在通用电气，韦尔奇经常参与员工面对面的沟通，与员工进行辩论，通过真诚的沟通直接诱发同员工的良性冲突，从而不断发现问题，改进管理，从而使通用电气成为市场价值最高的企业，也使他成为最有号召力的企业家。美国著名组织行为学家罗宾斯认为：“冲突是一个过程，这种过程始于一方感觉到另一方对自己关心的事情产生消极影响或将要产生消极影响”。管理决策学派的代表人物西蒙把冲突定义为：“组织的标准决策机制遭到破坏，导致个人和团体陷入难于选择的困难”。曾任国际冲突管理课程协会主席的乔斯沃德教授认为：“冲突是指个体或组织由于互不相容的目标认知或情感而引起的相互作用的一种紧张状态。”他认为一个人的行为给他人造成了阻碍和干扰就会产生冲突，冲突和暴力、争吵是两码事。

随着管理学的发展，人们对冲突的认识也发生了变化，国外学者把冲突观念的演变分为三个阶段，即传统的观点、人际关系观点和相互作用观点三个阶段。冲突的传统观点认为冲突都是不良的、消极的，它常常作为暴乱、破坏、非理性的同义词，因此，应该避免冲突。人际关系观点认为，冲突是与生俱来的，是无法避免的，应接纳冲突，使它的存在合理化。冲突不可能被彻底消除，有时它还会对群体的工作绩效有益。相互作用观点认为，应鼓励冲突，并将其维持在较低水平，这能够使群体保持旺盛的生命力。

五、激励制度的完善

一个好的团队要有好的激励制度，利益分配要与团队目标和具体业绩目标结合起来。这里要做好以下工作。

（一）明确目标，量化考核

班组团队目标是一种共同创造的产物，它只有在团队的集体努力下才能产生，这样的目标既可激发自豪感也能激发责任心。因此，第一，目标必须是明确的，可凝聚人心、有共同愿景的；第二，目标需要量化，即可测量、可衡量；第三，目标需要分解，即具有可操作性。

团队目标要分解为个人的具体业绩目标，它是团队目标整体的一个部分。

把团队方向性目标转变为可以衡量的具体业绩目标，是团队要使共同目标对其成员产生意义的最必要的第一步。

（1）具体业绩目标规定了一种团队工作产品。

（2）具体业绩目标有助于团队内部明确的交流和建设性的冲突。

（3）具体业绩目标的可实现性会有助于团队把精力持续集中在实现结果上。

（4）具体业绩目标具有指导团队行为的杠杆效应。

（5）具体业绩目标应该允许团队在追求其目标的过程中取得一些小胜，小胜的累积对建立团队成员的信心有不可估量的作用。

（6）业绩目标具有强烈的吸引力。它要求团队成员全身心投入，作为一支团队创造与众不同的结果。

（二）完善办法，典型引导

不断完善考核奖励办法。班组长要有长期的规划，力求不断改善班组的工作、学习环境，以逐步改善班组的面貌。结合企业的考核奖励机制，有员工对班组内的考核机制进行评比，使班组考核办法更加合理有效。

班组长要结合班组实际开展一定形式的竞赛，通过竞赛激励和典型引导作用，发挥推广带动效果。

人往高处走，水往低处流。当班组及员工看到奔头、有了期望，产生希望时，我们要积极加以引导，创造有利条件，激发班组奋发进取的激情和团队精神，激发班组的内在潜力。激励机制使用得当，会促使职工从被动的灌输向主动出击转变，发挥精神力量的作用。

（三）物质鼓励与精神激励并重

班组长在激励方面要做到物质鼓励与精神激励并重。班组管理的强化需要政策支持和激励因素的运用。员工焕发出的工作热情源于某种欲望的预期满足，只要某种欲望存在并且有可能满足，则员工会努力实现这种可能性，一旦得不到满足或者没有实现的可能性，职工的积极性就会消失，所以激励因素的作用发挥是强化班组管理行之有效的方法。

六、塑造班组团队文化

（一）团队文化的概念

团队文化指团队在发展过程中形成的，为团队成员所共有的思想价值观念和行为规范。实际上，团队文化在很大程度上受到企业文化和企业制度的影响，但又不同于企业文化与企业制度。这是因为班组或作业区团队的规模较小，成员接触频繁，团队成员之间又没有等级区别，在长期协作过程当中容易形成“非正式组织”，并且对团队起着主要的影响。

班组团队文化是企业文化的一部分，而且是企业文化建设的最基础的部分。没有班组团队文化就谈不上企业文化。一个好的班组团队就有好的班组团队文化，而且这种文化是这个班组在实践中逐渐培养所形成的一种思维模式和行为习惯，是在一个团队的核心价值体系的基础上形成的共同的认知模式和行为准则，这种共同的认知模式和行为准则是团队成员为了实现团队的使命、愿景和信仰而达成的一种具有延续性的承诺和契约。

班组团队文化与企业文化有着很多相同的要素，一般由团队价值观、团队使命、团队愿景和团队氛围等要素综合在一起而形成的。塑造班组团队文化的关键就是在团队形成与发展的过程中提炼团队的价值观、团队使命和团队愿景，并以此为基础逐渐形成相对固定的团队氛围。

IBM 创始人托马斯·沃森说过：“如果一家公司想迎接不断变化的世界挑战，那么它必须准备在前进道路上改变除基本信念之外自身的一切。对一家公司来说，唯一不可变更的是它的基本经营思想。”在班组文化建设中也是如此。

这里价值观的形成是班组团队建设的核心，班组团队的价值观是班组团队的灵魂。没有班组团队价值观的班组非常容易产生不可调和的冲突和矛盾，团队中的每个人唯利是图，只看重个人利益而忽视组

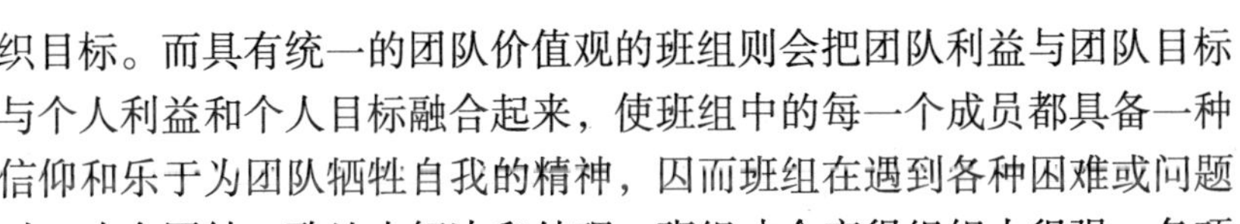

织目标。而具有统一的团队价值观的班组则会把团队利益与团队目标与个人利益和个人目标融合起来，使班组中的每一个成员都具备一种信仰和乐于为团队牺牲自我的精神，因而班组在遇到各种困难或问题时，才会团结一致地去解决和处理，班组才会变得组织力很强，各项任务才会得以较顺利地完成。

团队价值观的一个主要作用就是在团队成员之间形成一个心理契约——共同愿景和价值观。而这种价值观在多数情况下是从班组长期的实践中提炼和升华出来的，既与企业文化一致又体现班组特征的一种精神。

团队价值观既不是空洞的口号，也不是挂在墙上的豪言壮语，班组长要学会把它变成指导团队一切思想和行为的一把标尺，成为团队成员行为的宪法和准则。一个高效能的团队，无论他们遇到何种困境，也无论他们遇到多大的诱惑，都应该始终坚持核心价值观。

（二）构成班组团队文化的要素

班组团队文化包括两大要素：第一要素是班组民主建设，第二要素是信息和知识。

首先，在班组民主建设中，班组长要力求使班组成员享有同等的决策权，在重大问题上有同等的发言权，这不仅能够充分强化成员对班组的认同感，还能够有效改善班组成员间的人际关系，从而使班组成员心情愉快地工作，在提高工作的同时在工作中得到心理上的满足。

其次，信息和知识是班组团队建设的必须要素。只有对团队成员、对整个班组的工作过程了如指掌，才能提出有价值的见解和切实可行的建议。

这两个要素是相辅相成的。只有第一要素，没有第二要素，平等和民主只会变成不切实际的空谈；只有第二要素，没有第一要素，信息和知识就得不到充分有效的利用。

（三）班组长团队文化建设的几个注意点

班组长在班组团队文化建设中要注意以下几点：第一，加强班组长自身作风建设，对自己时刻高标准严要求。第二，注意培养员工的良好习惯，对不良习惯要坚决采取办法杜绝。第三，要注意班组管理的细节，细节决定成败，所以班组长凡事要从小事做起，做到精细与精益。第四，班组长要注意学习型班组的建设，让每个组员树立起不进则退的观念，做到主动学习、热爱学习。

第三章 班组团队建设中问题的处理

所有的团队都会遇到问题，这并不可怕。关键是要能够有正确的对待问题的观念，正确认识问题的态度和正确解决问题的办法。

第一节　建设团队应注意的几个问题

一、团队建设的阻力问题

班组团队建设也如逆水行舟，不进则退。所有的团队在其建设发展过程中都会遇到一些阻力，必须要处理好，否则团队建设就会受到影响。班组团队的阻力包括以下几个方面。

（一）来自落后文化的阻力

在一些企业文化比较落后的企业里，传统观念占据主导地位，当一种先进的班组管理理念或行为出现的时候，往往会受到来自多方面的阻力。从某种意义上来说，团队是对传统组织和观念的一种挑战。

有一次我们在对一个企业的调研中，这个企业负责人力资源的领导说："现在都是现代化的大生产了，设备都是自动化的，对于员工的管理很简单，他们（指员工）只要服从就可以了，搞民主管理简直就是瞎掰"。我们听了感到很可怕。其实，越是现代化的企业对管理水平的要求就越高，而不是越简单。其实，这样的企业在全国也有不少。在这样企业文化很落后的地方，员工不可越雷池半步，这才是班组团队文化建设的最大阻力。

（二）来自信息沟通不畅的阻力

从信息传递看，传统组织结构往往是自上而下的，信息传递比较单一。而团队中的个体之间，成员和领导之间，甚至团队和团队之间都可以通过信息来进行传递，可能是自上而下，也可能是自下而上，甚至可能是在平级当中进行传播。

这种信息的不畅通，很有可能会造成部门间的各自为政。作为班组管理者，如果不能够保持班组长与员工、班组长与上级、班组长与有关职能部门、班组长与协作部门的有效信息沟通，则必然会造成诸多问题。

（三）来自中层管理者的阻力

在企业中，由于机构设置不合理，各个职能部门对基层都有指手画脚的权力，造成基层无所适从。这种由于企业机构及制度原因带来的影响，严重阻碍了班组的团队建设。

还有的企业一些管理人员不愿意放权，事无巨细，班组或作业区的一切工作都要听从他们的安排，使得班组长和作业长失去了“思考”，积极性和主动性无法发挥。

也有的企业里中层管理者由于一些原因，对班组管理的作用不重视，不能够提供及时、有效的培训及一些支持，使得班组长和班组成员感到不受重视而消极应对。

由以上阻力我们看出，搞好班组文化建设不仅是班组的事情，它一定与企业的文化建设、企业的组织和制度以及企业高层和中层的管理者有关。

（四）来自班组内部的阻力

班组的内部也会有形形色色的阻力，主要有班组成员自身的阻力以及班组中小团体的阻力等。

班组成员自身的阻力包括能力强弱、对待分配的态度问题、人际关系等。比如，团队中一些个人能力很强的人员，他们会希望有所成就，当他们无法或不能够完全实现自身的愿望的时候，可能会对团队

构成阻力。

小团体一直是团队建设无法回避的阻力。小团体是无法消灭的，它既有弊也有利。因此，班组长要因势利导，正确解决和处理好小团体问题，解决得好，可以化害为利，否则就成为团队的大害。

二、团队精神及协作精神培养的问题

协作精神是团队精神的一个重要方面，而且是团队精神的核心内容。因此，班组在打造团队的同时要非常注重团队精神的培养，注意协作精神的培养。

（一）如何培养协作精神的问题

协作是班组团队建设的最主要内容之一，一个组织如果没有协作，就根本算不上团队。因此在班组团队建设中，自始至终都要把团队的协作精神作为首要内容来抓。那么，如何培养团队的相互协作精神呢？

（1）最高层领导者要鼓励合作。企业的高层和中层要通过各种形式来鼓励、表扬和推进协作。美国前总统肯尼迪曾说：“前进的最佳方式是与别人一道前进”。通过合作来消除组织分歧、达成共识，建立一种互信的组织运行模式。

对于作业长和班组长而言，在日常的活动中，应处处体现对协作精神的培育。比如，日常的表扬和批评等不以个人为主，而是以一个小组或一摊（有些企业在班组下面设摊，并设有摊长）为单位进行表扬和批评。

（2）通过制度来规范协作。协作规则就是对于协作的规章制度。通过制度来规范协作的规则，这是培育协作精神的一种行之有效的办法。

比如，几个人共同工作时因为某一个人犯了错误而导致这几个人的工作失败，那么班组长在进行考核时，就要对这几个人共同处罚，而不是只处罚其中的责任者。同理，几个人共同出色地完成了某些工作，也要共同奖励这几个人，这也称为连坐机制。其实这是培育协作精神的制度保证之一。

还有，在一个团队中，如果出现能者多劳而不多得，就会使成员之间产生不公平感，在这种情况下也很难开展合作。所以，要想有效地推动合作，团队必须制定一个被团队成员普遍认可的协作制度。

示例：

在大不列颠，曾有一个国王名叫亚瑟王，他在接见他的骑士时通常使用的桌子有整个接见大厅那么长。国王坐在最上方的神圣位置上，骑士们分坐在桌子两边。当然，谁被安排坐在国王的左右、远近就有了地位的区别。远离国王的骑士们为了得到靠近国王的座次，策划阴谋、拉帮结派、挑拨离间，甚至进行决斗。

亚瑟王意识到：一群吵闹不休、怨气冲天的人不能兴国安邦。于是他萌发了一个非常简单的想法：应该把桌子做成圆形。这样骑士们就可以围坐在圆桌旁，他们的座位也就没有了高低之分，可以以平等的身份进行对话——为国王出谋划策、挑战困难、讨论问题、解决问题。

（3）建立一种有利于协作的机制。在企业大生产中，要做到密切协作，一定要从机制上着手，创造一种有利于协作的机制。

比如上海宝山钢铁公司实行的工序服从制度，就是一种很好的协作机制。在这个机制中，强调机制的配套，他们实行了“五制配套”的作业长制度。由于制度的配套，确保了宝钢公司工序服从制度的顺畅执行。

还比如，为了增进作业长之间的协作，宝钢成立了作业长联谊会，为作业长搭建了一个沟通的平台，创造了一个使作业长之间加深了解、相互信任、融为一体的环境。

除此之外，各种形式的培训、学习、交流、竞赛等活动，都是有利于协作的好形式。

（4）确立共同目标，让协作“习惯化”。团队建设是建设企业文化的重要方面，也就意味着团队建设的每一步都要把员工从思想到行为变得规范，这当然要通过也必须通过有效的制度、机制等来建立规范，其中，确立企业和团队的共同目标是我们完善制度和机制所必须始终遵循的。只有把目标融入到企业的制度体系中，才有可能把团队及其成员的目标和企业的目标融为一体，才能使每一个成员为了这个目标去自觉地努力，这恰恰是我们所要追求的。因此。班组长等基层领导者，要时刻强调团队成员的长远利益，让大家相信自己的利益和团队的目标是融为一体的，这样团队成员就不会只计较眼前的一些得失，才会主动地开展协作来实现共同的目标，才会把这种行为习惯化。

示例：

北京金隅集团是一家大型综合性企业集团。

“重实际、重创新、重效益、争一流”是金隅潜心培育的集团精神，“高标准规划集团，高水平建设集团，高质量经营集团，加快向世界一流企业集团迈进的步伐”是金隅发展的战略目标，这些从实际出发，讲求实效的企业精神和企业愿景，像一股巨大的无形力量，推动和激励着企业和员工为集团和企业的发展不断开拓前进。集团党委不失时机地开展各种形式的活动，把集团精神、价值观等融入其中，不断用先进理念引导员工，形成群体共识，激励着全体员工奋力拼搏、开拓进取，使集团的向心力、凝聚力大大增强。

（二）如何培养团队精神的问题

示例：

有位游历南美洲的作家曾见过一种奇特的景观：游客们用火圈成一个圆，把一群黑压压的蚂蚁围在当中，火借风势，逐渐蔓延，蚂蚁开始很混乱，但很快就迅速扭成一团，像雪球一样朝外滚动突围。蚁团外层的蚂蚁被烧得“噼啪”直响，死伤无数，但蚁团还是勇猛地滚动，终于突出火圈。作家被这群蚂蚁的勇敢和团队精神深深感动。

团队精神是成员思想风貌、行为作风、品质心态的集中，它是团队成员行动上的默契与互补，是成员共同的心理指向，同时，团队精神还包含着团队成员之间的宽容、理解、尊重。只有在团队建设中注重团队精神的培养和提炼才能形成团队文化，它是团队建设必须关注而且不能回避的问题。那么，如何培养团队精神呢?

第一，必须有清晰的目标。关于团队目标我们在前面已经做过论述。对于班组长而言重要的是排除对团队目标认同的干扰。

一次我们在考察一个企业时，得知某作业区正在上一条新的生产线，估计两年后达产。新线达产后这个作业区的产量比以前要翻一番，质量也会有所提高，作业区员工会比以前增加60%左右。公司已经做出了承诺，如果两年后新线如期达标，那个作业区员工的工资将会翻一番。

我们认为这是一件好事，一定会极大地调动那个作业区员工的积极性，于是我们找到了那个作业区的作业长老张，向他了解这方面的情况。老张清楚我们的目的后，苦笑着说：其实大家的积极性并不高。很多普通员工认为即使工资翻一番，领导的工资可能翻两番，摊到他们身上，工资能长50%就不错了。还有的员工认为，两年后不光是他们作业区涨工资，其他作业区也涨工资，但他们却增加了工作强度。

由此我们发现，这个作业区的两年目标虽然有但不具体，也不够清晰。同时与这个目标对应的激励机制也很模糊，造成的结果就是目标得不到大家的认同。

第二，必须有规范而良好的团队沟通。

案例：

一个班组长接到车间主任下达的任务，要求在两个小时内按照图纸要求对某管道进行改造。班长接到任务后带着4名员工及工具到了现场。当他们正准备施工时，遇到了前来检查的工厂总工刘某。刘某在看完了施工改造图纸后，指着图纸大声嚷道：这是谁设计的图纸，怎么连基本的常识都不懂。班长告诉他说是车间主任设计的改造方案。总工刘某立即拿出笔对图纸进行修改，之后告诉班长说，按照这个施工。刘某走后，班长按照刘某修改后的图纸进行了施工，在规定的时间内顺利地完成了管道改造的任务。

但当班长回到车间把情况告诉车间主任后，没想到车间主任对班长一通臭骂。这让班长感到很委屈。

在这个案例中，出现问题的根本原因是缺乏有效沟通。

团队的有效沟通要注意两个方面：一是沟通的规范性，二是沟通的有效性。

在这个例子中，第一，刘某对班长直接布置任务就是不规范的沟通。因为刘某是公司的总工，而那个班长只是某车间下的一个班长。第二，班长与车间主任的沟通无效，因为这让车间主任很不高兴。

在现实中，团队建设出现问题的重要原因就是沟通问题。正如沃尔玛总裁所说的："如果你想将沃尔玛体制浓缩成一个思想，那可能就是沟通，因为它是我们成功的真正关键之一"。丹佛大学的 Stephen Erbschloe 所作的一项研究表明，他所研究的 46 家公司之所以面对互联网带来的商业机会行动迟缓，最主要的两个原因就是：交流的贫乏和行政上的混乱。使交流成为一个团队、一个公司里的优先事项，并且让每个员工都知道公司重视交流；为员工提供同管理层交谈的机会；建立信任的氛围。

第三，必须在企业层面建立公平公正的考评机制与激励机制。考评团队成员的工作绩效要从团队和成员两个角度进行。前者着眼于整个团队的绩效，从而间接地反映成员的绩效；后者则注重于每个成员对团队的贡献，这样做的目的是防止团队中的"偷懒"、"搭便车"等行为。

（三）如何进行团队学习的问题

引例：

一个博士分到一家研究所工作，成为研究所里学历最高的人。有一天他到单位后面的小池塘去钓鱼，正好正、副所长也在钓鱼。他只是微微点了点头，心想，和这两个本科生有什么好聊的呢？不一会儿，正所长放下钓竿，伸伸懒腰，噌噌噌从水面上如飞似地走到对面上厕所。博士眼睛睁得都快掉下来了。水上飘？不会吧？这可是一个池塘啊。正所长上完厕所回来的时候，同样也是蹭蹭蹭从水面上飘回来了。怎么回事？博士又不好意思去问，自己是博士呀！过一阵，副所长也站起来，走几步噌噌噌飘过水面上厕所。这下博士更是差点昏倒：不会吧，到了一个江湖高手集中的地方？一会儿，博士也想上厕所，但他也不愿意去问两位所长，憋了半天后，也起身往水里跨：我就不信，本科生能过的水面，我博士生不能过。只听“咚”的一声，博士栽到了水里。两位所长忙将他拉了出来，问他为什么跳水，他问：“为什么你们可以走过去呢？”两位所长相视一笑：“这池塘里有两排木桩子，由于这两天下雨涨水正好在水面下，我们都知道木桩的位置，所以可以踩着桩子过去。你怎么不问一声呢？”

这个故事告诉我们，不管是谁，都必须不断学习新的知识，只有不断学习新的知识才能适应不断变化和发展的外部世界。

一个团队总要有目标，团队成员为这个目标去奋斗，那就需要团队成员具有某些知识，这包括为完成目标所必需的知识，为完成目标所应有的其他方面的素质，尤其是在2007年美国次贷危机后，全球经济陷入低迷，企业间的竞争更加残酷和激烈。企业为了生存，必须强化学习型组织建设，而也只有学习型团队才能应对企业发展竞争和发展的需要。

美国系统动力学家彼得·圣吉在其《第五项修炼——学习型组织的艺术与实务》序言中写道：“在全球的竞争风潮下，人们日益发现21世纪的成功关键与19世纪和20世纪的成功关键有很大的不同。在过去，低廉的天然资源是一个国家经济发展的关键，而传统的管理系统也是被设计用来开发这些资源的。然而，这样的时代正离我们远去，发挥人们的创造力现在已经成为管理努力的重心。”

由此我们体会到，学习型组织是使团队更加有生气和创造力的力量源泉。团队的不断学习不仅是生产力的客观需要，其本身也是生产力。邓小平同志说过：“科学技术也是生产力”，讲的就是这个道理。科学越是进步、企业竞争越是激烈，对知识的要求程度就越高，这已是一个不争的事实。因此，作为一个团队就必须不断学习，使组织适应市场形势的变化，使组织的生产力不断得以提高，这是团队持续发展的不竭动力。

同时，当团队中的成员变得自觉自愿学习的时候，其境界也会提升，也会由于其自身价值的实现，在给组织带来效率的同时实现心理上的满足。

那么如何进行团队学习呢？

首先，加强班组的知识管理。很多班组在实践中都创造了很多优秀的方法、经验等，也在一定时期内得到了推广。然而，我们也发现这些好的方法、经验等并没有得到系统的提炼和文字性的总结。于是很多年后这些经验、做法等就随着时间一起消失了。

如何解决这个问题呢，一个简单的办法就是做好知识管理。

在发现团队成员的好做法、好经验后，一方面是通过交流、观摩、学习等使之得以推广，变为更多人的经验、技能和方法。同时要对这些做法和经验加以提炼，形成文字性的资料，这样就可以一代一代地把这些宝贵的财富传承下去。比如美国的 IBM 公司的员工手册就是一个好的范例。在 IBM 公司的员工手册里，就有他们多年来积累的一些问题处理的过程、方法等，作为新员工的必修内容。这是班组在进行知识管理时应该学习和借鉴的一种好办法。

再比如首钢某企业的维护部门，他们要求对每一个故障的处理都要严格记录。凡是新出现的故障，在处理完毕后都要进行研讨、交流，找出规范的处理办法，并以文字、图示等形式作为档案保存下来。同时对处理这个故障的员工和在研讨中给出好的建议和办法的员工给予奖励，并作为以后员工提职、晋升、涨薪的依据。

其次，开展多种形式的培训。通过制度鼓励员工去进修、取证是开展学习型团队建设的好方法。

首钢某企业在开展学习型组织建设活动中做了一条规定，员工在完成本职工作的同时，凡是参加企业所需要的技能培训，并取得相应证书的员工，企业给员工的基本工资增加 100 元。此举很好地调动了员工参与技能培训的热情。在三年的时间里，该企业有 70% 的年轻员工通过自费参加社会培训取得了岗位技能的相关证书。这样既提高了员工本身的素质也为企业增添了一批技能熟练的员工，一举两得。

班组内的小教员也是班组学习型组织的好做法。

首钢公司多年来一直在开展班组小教员活动。也就是班组内有很多小教员，在某些方面有特长的员工都可以是小教员。比如可以让那些理论知识扎实的大学生员工作为教员进行专业理论学习的授课、指导，让那些熟悉现场环境的员工作为小教员，让那些在某一技能方面优秀的员工作为小教员，让那些精通设备性能的员工作为小教员等等。同时，公司有关部门每年还把各企业的优秀小教员组织起来进行交流、观摩、研讨。班组小教员活动形式简单，不要求场地，活动方便，每个班组都可以开展。

开展班组读书活动是鼓励员工自觉学习的有效形式。

首钢某企业的一个作业区为了开展这项工作，作业长设立了作业区“图书馆”，每个员工每年都要从“图书馆”中找出一本自己乐意学习的书籍进行自学。学习后写成学习心得或体会在作业区进行交流，并把此项工作作为员工考核的内容之一。这项活动不仅使员工学习的自觉性不断提高，而且在两年后发现了不少“千里马”。作业区出了一本优秀论文集，一些优秀的员工被提拔到有关管理或技术部门工作。

企业把员工送出去学习也是团队学习的一种有效形式。

很多企业都会根据企业发展的需要，把那些优秀的员工送到某些培训机构或学校进行培训或进修。这既是对员工的一种激励，也是鼓励员工学习的一个好形式。

还有，比如成立特定形式的班组学习小组、开展经验交流会、座谈会等，都是班组学习型组织建设的形式。

另外，请进来、走出去学习也不失为一种好的学习方法。

当然，学习型组织的学习方法不一而举，形式多样，每个单位都有很多好的学习办法值得我们去借鉴。

三、团队建设中识人用人的问题

（一）学会识别团队中不同角色人才

团队领导一个重要的作用就是会识人用人。

角色是在涉及他人的社会活动中，社会对某一特定个人所期望的一种行为模式。角色反映一个人在社会系统中的地位及相应的权利、义务、职责。

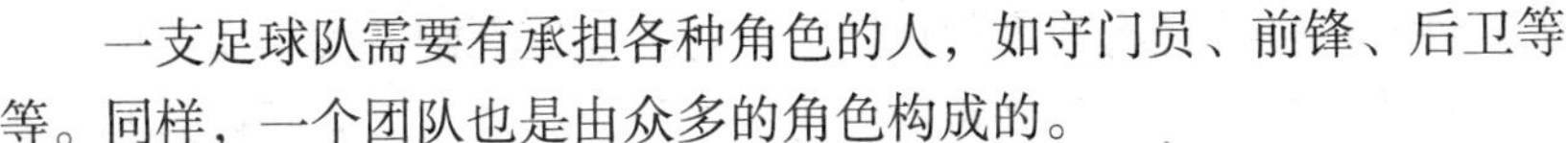

一支足球队需要有承担各种角色的人，如守门员、前锋、后卫等等。同样，一个团队也是由众多的角色构成的。

不同的人由于其特长不一，他在团队中适合的角色就会不一样。因此班组长应该学会识别不同的员工适合扮演什么样的角色。

有些人适合扮演实干家，有的人善于协调，有的人适合做推进者，还有的人具有很强的创新能力等等，这需要作业长或班组长去作一个“伯乐”，找出不同类型的“千里马”。

团队中“千里马”大概有以下几种类型：

（1）实干家。实干家通常性格相对内向，比较保守，勤奋努力，计划性和纪律性较强，更多地为整体利益着想而较少考虑个人利益。

实干家在工作中比较认真、务实、严谨。实干家最大的优点就是工作能力强，非常务实、踏实，绝不会干出格的事情，他们对于那些常规以外的方法和想法往往不屑一顾。这种实干家由于墨守成规、强调规则和现成的做法，往往缺少灵活性，因而很难有创新，也很难处理好复杂的人际关系。

但是，可能由于过分地强调计划性，在工作中就往往缺乏灵活性，又由于对未被证实的想法不感兴趣，所以，很容易变成改革的阻力。

（2）协调者。善于协调的人往往性格比较冷静，情绪变化不会很大，有很好的自控力，看上去比较成熟。他们办事较为客观，很少带有偏见。

善于协调的人在人际交往中能够很快发现每个人的优势，并在实现目标的过程中妥善运用，通常在一个团队中，即便这个协调者没有担当什么领导角色，也往往会成为一种核心，大家更容易团结在他的周围，听从协调者的判断和建议。

（3）推进者。推进者大多性格比较外向，有热情和激情，一旦确认某些工作是正确的，往往干劲十足，在人际关系方面比较喜欢挑战别人，喜欢争辩，而且在讨论中不赢不罢休，是一个言出必行，办事效率非常高的人。他们在工作的推进过程中，遇到任何困难会想方设法去解决，不达目的誓不罢休。

（4）创新者。水浒中的“智多星”吴用是一个创新者。这种人大多性格内向，拥有高度的创造力。他们思路开阔，观念变化快，富有想象力，经常具有打破常规的想法，这对企业或团队开拓新的思路很有帮助。通常在一个项目刚刚启动或团队陷入困境的时候，创新者就显得尤为重要。

（5）监督者。监督者具有很强的公正感和正义感，自己做事认真，很少出问题，对于现实有一定的批判性。因而对团队中有些人的不符合规矩的做法“看不惯”。一个好的监督者几乎从不出错，在团队中的作用非常明显。他们善于分析和评价，善于权衡利弊、选择方案。

（6）凝聚者。凝聚者是团队中最积极的成员，他们温文尔雅，善于与他人打交道。最可贵的地方是善解人意，总能够关心、理解、同情和支持别人。他们通常处事非常灵活，能够把自己同化到群体中去，让自己去适应别人的观念和想法，适应周围的环境。也有人说凝聚者是自我牺牲型的人，他们通常在团队当中是最“听话”的，不会发表对于他人不利的观点和想法。通常凝聚者在团队中不会对任何人构成威胁，因而在团队中广受欢迎，是团队的润滑剂。

（7）技术专家。技术专家对团队来说属于甘心奉献的人，他们热衷于自己的本职专业，并且为自己所拥有的专业和技能而自豪。在团队中，他们为团队的产品或服务提供专业的支持。但是，他们往往过分专注于技术而忽略大局。

除了上述的团队角色外，团队中还有其他的一些角色。我们不能说哪种角色是最好的。每种角色在团队中都有其特定的优势。团队中没有最重要的角色，只有最需要的角色。团队的意义就在于通过角色互补来协同工作。因此，班组长要根据每个人在团队中的优势，确定好各人所扮演的角色，互相协作，形成人才的最大合力，这样才能更有效地发挥团队的效能。

（二）团队建设中的人才配合

一部机器有很多零部件，要使机器有效运转就需要不同零部件有效配合，团队建设亦是如此。班组长要在团队建设中使成员做到相互配合，以发挥团队的整体优势。

(1) 做到各司其责。团队成员因为承担工作的性质不同而具有不同的角色，各个角色又各有其相应的职责。一个足球队，有守门员、前锋、后卫等等，在比赛中每个队员首先要做到的就是扮演好自己的角色，做到各司其职。在班组中每个员工首先是要做好自己的岗位工作，这是团队或者说是职业所赋予员工的天职。

基于此，我们在企业管理中对于员工的考核，首先就是他对于岗位职责的完成情况，其次才会考虑其他方面的情况。一个班组团队只有各个角色，也就是各个岗位都很好地尽到自己应尽的责任，这个班组团队才能达到团队预定的目标。

(2) 实现优势互补。人无完人，团队中的每个角色都是优点与缺点相伴而生，正如有句话所说：优点是缺点的延伸，它们总是系在一个绳子的两端，也就是说优点和缺点总是并存的，如果你不能容忍他的缺点，也就无法得到他的优点。所谓用人所长天下无不用之人就是这个道理。团队的每个成员都要学他人之长，克己之短。作为团队整体则应该努力让成员所担当的每一个角色的优点都最大限度地发挥出来，同时限制其弱点带来的负面影响。

成员作为组织的普通成员，不可能在各个方面都达到组织所期待的完美要求，但团队可以通过不同的角色优势互补而实现完美。这就要求在组建团队时，尽可能地把不同的并且具有互补性的人搭配在一起。需要说明的是，不同的人才具有不同的个性特征，组建团队的关键任务是要找到与人才特征相契合的角色。把合适的人在合适的时间放在合适的岗位上，并尽可能使每个人所担任的角色实现优势互补。

 示例：

有一次，联想集团运动队和惠普公司运动队进行攀岩比赛。惠普队强调要齐心协力，注意安全，共同完成任务。惠普队在全过程中几次遇到险情，尽管大家齐心协力，排除险情，完成了任务，但因时间拉长最后输给了联想队。联想队则根据队员个人的优势劣势进行了精心的组合：打头阵的是动作灵活的小个子队员，第二个是一位高个子队员，女士和体胖的队员放在中间，殿后的当然是具有攀岩实力的队

员。于是，他们几乎没有险情地迅速完成了任务。

（3）发挥团队优势。人才的个人作用是不可否认的，特别是那些明星式的顶级人才的作用更不能低估。但是，有一点必须明确，再优秀的人才，如果脱离了团队，如果不参与团队协作，其作用总是有限的。人才只有加入团队，与其他成员进行有效的协作，即形成人才的合力，才能发挥出应有的作用。

示例：

每年美国的职业篮球赛结束后，都会挑选最优秀的球员，组成“梦之队”赴各地进行比赛。但“梦之队”总是胜少负多，令球迷失望。究其原因，就在于他们是临时组建的，不是真正的团队，他们缺乏真正的协作，形不成合力。他们个个都是明星级球员。在“梦之队”中单打独斗是英雄，但并不善于进行明星之间的协作，不善于协助他人。在各自的球队中，他们是核心，到了“梦之队”就不习惯做“绿叶”了。可见，明星的个人力量毕竟是有限的。所以不能进行有效的协作，形不成合力，无法实现团队出击，呈现不出团队的力量，失败也就不足为奇了。

第二节 团队不能发挥其应有功能的几个问题

今天制造业，大都是现代化的协作生产，单枪匹马闯世界的时代已经结束。因此，企业目标和团队目标，必须依靠团队成员的共同努力才可以实现。但是我们也发现，一些团队在其发展的过程中出现了问题，使得团队徘徊不前，不能发展，甚至不能够有效实现团队的目标。这是一个大问题，如果解决不好，团队就失去了意义，企业和组织的目标就难以实现，因此，我们要解决好这些问题。下面把团队中出现问题的一些原因分述如下。

一、领导力缺乏的问题

领导力的问题是多方面的。有领导自身素质的问题，比如有的团队更替领导，使得领导的素质不如以前；也有领导自身能力的问题，有的领导很想把团队带好，但能力有限，不适合做团队领导，不能够把成员凝聚起来。

一个好的领导应该是领袖和导师，有凝聚力并能带领、指导成员去工作，否则团队就成了一盘散沙。

二、个人主义泛滥的问题

团队建设中虽然强调个人目标的实现，但一定是个人目标向团队目标的趋同，而不是团队目标向个人目标趋同。我们发现在有的班组中成员过于强调自身的目标和利益而忽视团队的目标和利益。如果不能及时纠正，团队就不再是团队。因此，班组长要通过多种形式来凝聚人心，正确处理团队中个人和组织的关系，尤其在利益的分配方面要如此。

三、班组缺失团队目标

企业有企业的目标，班组也应有班组的目标。在一些企业的班组里根本没有目标，这不是团队，最多是一个组织。班组目标的确立需要班组长根据企业目标和班组实际及班组成员的实际来确立，让成员感到在这个集体里有奋斗的方向。

四、公平分配的问题

公平分配问题是一个敏感的话题，但又是不可回避的问题。今天，每个人都有公平分配的意识，必须正视这个问题。一是有些人干的少却挣的不少，有的人干的多却挣的不多；而且短效激励多长效激励少，也是分配中的问题，会让人有一种打工仔的感觉。这两方面都是基层分配中容易出现的公平分配问题，需要系统地解决，否则一定会影响团队的建设。

五、责任心不强的问题

我们中国人都有很强的责任心，关键是看他对所做的事情是否关心、是否感兴趣。因此，班组长要学会一些正确的激励方法，让员工关心自己所做的事情。关于激励的一些理论前面已经述及，不再赘述。班组长还要学会一些思想工作的方法，帮助员工正确地认识工作，提高他们对于职业责任的认识，从而提高他们的责任心。当然，还需要一些制度方面的配套措施才可以系统地加以解决。

第三节 团队建设中容易出现的认识误区

团队建设中误区的出现主要是由于对团队的认识出现了偏差，因而在处理问题时出现一些错误的做法。一般有以下几个误区。

一、误区一："团队利益高于一切"

团队中个人目标和利益与团队的目标和利益常常会出现冲突，我们的观点是要使个人目标和利益向团队目标和利益趋同。也就是要在团队和个人之间有一种"平衡"，过分地强调个人或者过分地强调团队都是不可取的。

个人的目标和利益应该包含于团队的目标和利益之中，团队应该兼顾个人的目标和利益。如果处理不好这个问题，往往会导致小团体主义和伤害团队成员自身利益的问题出现。

一方面是容易滋生小团体主义。团队是一个集体，团队利益相对于整个企业来说又是局部利益。过分强调团队利益，处处从维护团队自身利益的角度来处理问题，不仅会侵害其他团队乃至企业整体的利益，造成团队与企业之间的价值目标错位，影响企业战略目标的实现。

另一方面，过分强调团队利益容易导致团队内部个体的应得利益被忽视和践踏。如果一味只强调团队利益，就会出现"假维护团队利益之名，行损害个体利益之实"的情况。作为团队的组成部分，如果个体的应得利益长期被漠视甚至侵害，那么他们的积极性和创造性无疑会遭受重创，从而影响整个团队的竞争力和战斗力的发挥，团队的总体利益也会因此受损。

从上面的分析中我们知道,在团队建设中，绝不可以牺牲小我，换取大我，放弃个性。诚然，团队精神的核心在于协同合作，强调团队合力，注重整体优势，远离个人英雄主义，但追求趋同的结果必然导致团队成员的个性创造和个性发挥被扭曲和湮没。而没有个性，就意味着没有创造,这样的团队只有简单复制功能,而不具备持续创新能力。

二、误区二：团队内部不允许竞争

诸位一定要明白一个道理，不管是企业间还是企业内部，不管是团队间还是团队内部都必须有竞争，这是企业和团队发展的动力。

在团队内部引入竞争机制，有利于打破分配的不公平。团队内部失去竞争就会磨灭团队成员的工作热情和激情，最后随大流去工作，成员最终就会选择“做一天和尚撞一天钟”的方式来对待工作。如此团队的发展就失去了动力，团队成员的主动性、创造性就难以得到充分的发挥，团队也难以长期保持活力。

三、误区三：团队内部一团和气

有人认为，团队就是要一团和气，大家你好我好他好，这样人际关系融洽，人情味浓厚，有利于工作的开展，以至于有的班组长成了“老好人”。其实，这是一个很大的误区。一个有战斗力的团队一定是纪律严明、赏罚分明的。赏罚分明是团队成员利益一致基础上的合理有序的竞争，是团队战斗力的保证。

大家不妨回顾一下，哪个战斗力强的团队不是靠严明的纪律来保证的，从古至今都是如此。严明的纪律不仅是维护团队整体利益的需要，在保护团队成员的根本利益方面也有着积极意义。比如说某个成员没能按期保质地完成某项工作或者是违反了某项具体的规定，但他并没有受到相应的处罚，或是处罚根本无关痛痒，这就会使这个成员产生一种“其实也没有什么大不了”的错觉，久而久之，遗患无穷。如果他从一开始就受到严明纪律的约束，及时纠正错误的认识，那么对团队对他个人都是有益的。

第四节　团队冲突及其化解

任何有人群的地方都会有冲突，在一个企业中、团队中，也是如此。那么如何处理化解这些冲突，是作业长和班组长所必须要了解的。

产生冲突的原因很多很多，至少因为大家有不同的看法，由于角度不同、看法不同就自然会引起冲突，很正常。如果哪个企业的老板敢说，我这个企业没有冲突，那他这个企业问题就太大了。有些冲突不会对团队业绩和企业产生负面影响，大可不必理会。但有些冲突，可能会影响到员工的人际关系和团队业绩时，这种情况势必会对企业和班组团队产生负面影响。因此，就要对这种冲突采取一些办法，通过对话、讨论、交流、辩论、引导等形式，增加各方互相理解，坦诚相待，使得大家能够基于不同的观点而共同合作。

一、预防冲突

要培养一种好的修养和品德，让大家明白给他人方便就是给自己方便、给别人台阶下就是给自己台阶下、容忍别人也是让别人容忍自己、关心他人就是关心自己、帮助别人就是帮助自己。班组长要让大家明白这样的辩证法。

同时也要让大家学会从对方的立场看问题，即学会换位思考，学会善于从别人的角度和反应来调整自己。

示例：

某单位的修理部门临时需要一些特殊备件，可是仓库里没有了。于是仓库负责人立即责成下属去厂家把备件买来并送到修理部门，及时地解决了修理部门的燃眉之急。事后修理部门的有关人员特地找到仓库负责人表示感谢。

这个案例告诉我们，急他人所急是我们对待工作的基本态度，是预防冲突的一剂良药。

此外，还要让员工明白，中国人不喜欢别人武断，但中国人很好商量。

示例：

肖经理到财务部报销，但财务部说周四才能报销，肖经理就有些恼火："我无论什么时间去报销，你财务部都得给我报，财务部就是干这个的，要不然公司养你们这帮人干什么！"

这个例子中，肖经理和财务部发生了冲突，其原因就是肖经理认为财务部做这件事是理所当然的武断想法，自然冲突就不可避免了。但如果肖经理与财务部商量一下，说明自己的特殊情况，希望他们帮帮忙，那结果就迥然不同了。

二、诊断和化解冲突

在萌芽阶段的冲突是隐形的，不容易被发现。但当冲突升级后，矛盾就会变得公开，由于矛盾的激化，使得冲突中的各方很难清楚地判断事情，所谓不识庐山真面目只缘身在此山中。这时就会影响到工作，并且使问题的处理变得复杂化。

最好的办法就是在冲突或矛盾在萌芽的阶段就加以发现并化解它。因此班组长要学会"察言观色"，注意日常工作中人与人关系的一些细节，及时发现可能激化的冲突，分析冲突的原因，采取各种有效的沟通方法来了解员工的想法，找出产生冲突的原因，这对于解决冲突十分关键。

化解冲突的方法很多，关键是因人因事来找出化解的方法。

在冲突比较激烈的时候，有时可以采取冷处理法，也即一段时间从物理上把冲突的各方分开，给双方一个冷静的时间，然后再了解冲突的原因，根据原因对双方做调解工作，使冲突得以化解。但这种方法不适合那些情况紧急需要很快或马上解决的问题。

如果冲突的双方达不成一致，但有一方较有涵养，顾全大局，那么此时可以采取暂时性的迁就方法，不妨让一方暂时做出合理的让步，使问题暂时得以解决。但一定要注意，在问题暂时解决后，一定要进一步查明原因，做好工作，有些时候必要的行政或考核措施也是必须的。因为，不能让一方暂时的迁就变成另一方的习惯。

驾驶员都知道，在行驶中要礼让三分。如果双方都有这种态度，若一时激动发生冲突，最好的办法就是采取"礼让三分"法，劝说冲突的各方每人都退一步，从而得到"退一步海阔天空"的境界。

协调双方利益，使各方认识到冲突的最终结果是“损人不利己”，只有化解冲突才是双赢，这样使得双方放弃分歧达成一致。

很多好的合作规则是在实践中产生的。例如宝钢作业长制中的“工序服从”就是一个合作中的规则。一些企业倡导的“意见箱”制也是一种化解矛盾的好规则。一些企业规定的工作流程和协作办法等，都是有效化解合作冲突的好做法。

第五节 正确处理员工中的小团队

一、小团体产生的原因

小团队是一种非正式组织，而团队是全体成员认可的正式组织。非正式组织产生有两种原因，一是团队的领导故意行为；二是团队成员在价值观、性格、经历、互补性产生某种一致时产生非正式的组织。前者是管理者强化自身管理职能的需要，培养亲信，增强管理效力，客观上形成的非正式组织。虽然表面上能够很好进行日常动作，能够提高团队精神，调和人际关系，实施假想的人性化管理，在团队发展过程中，基本上向有利于团队的方向发展，但长期而言，会降低管理的有效性，团队的精神、工作效率会低下，优秀团队成员流失。这种非正式组织通常是松散型组织。后者则是紧密型非正式组织，其愿景通常与团队愿景不一致，在团队中常常不止一个这样的非正式组织，随着这种组织的产生，团队的瓦解之日就不会远。这种紧密型非正式组织会偏离团队的价值观，破坏团队文化，阻挠团队的创新精神和开拓精神。通常松散型组织又会向紧密型组织发展，紧密型组织又会和松散型组织对抗。因此团队领导者在团队中建立非正式组织是不可取的，是基于一种管理水平低下同时对团队极不信任的结果。

二、应对小团体的措施

小团体在企业运作和发展过程中是非常普遍和正常的现象。由于人本身就是社会性动物，天生具备群体意识和群体依赖心理，因此在企业中形成不同自发性小团体是很难避免的。

针对小团体问题，可以采取如下措施：

首先，在查清原因的基础上，寻找解决的办法，进行有效引导，利用小团体优势，推动大团体发展。让团队管理层融入到非正式组织中，管理层对非正式组织的骨干成员施以影响，并积极引导，让他们融入到一些松散型非正式组织，弱化其对骨干成员的影响力。管理者应视小团体组织及其成员的表现，做好现场管理，好的建议、做法要表扬，发现为私利明争暗斗的情况要及时制止，并进行相应处理。对成员之间，特别是小团队的“领导”之间以大局为重、相互帮助的事例，要给予积极肯定和赞扬。

其次，避免小团体产生，要采取积极沟通，有效融合的方法。引导一个小团体发挥积极作用的最好的方式，不是“消灭”这个团体，而是应该能够更好地融入这个团体，用领导的管理意识和管理方法去影响这个团体。作为领导可以试着采用一种更加开放的心态，去加入到他们当中。发现他们当中，除了“原开发团队成员”这一共同点之外的其他相似之处，因为这些就是管理者或部门中的其他员工可以和这个小团体中的成员产生共鸣的关键点。比如，大家是否对某一类技术问题感兴趣，可以作为一个研究小组，抑或是否有共同的兴趣爱好，可以利用业余时间共同聚会等等。这种方式大至一个共同的主题活动，小至一个共同感兴趣的话题，都可以在平常的工作中进行体现。同时，针对该小团队不擅沟通的特点进行沟通技巧的培训，以促使他们能够有效掌握和使用沟通技巧，达到可以主动改善与其他团队交流的目的。

最后，对已产生的小团队采取分化瓦解，消除不利影响。接受企业整体价值观是员工必须达到的一个行为准则，如果这个小团体的成员是因为不认同公司企业文化或者其他方面因素而导致形成小团体并产生抵触情绪，则需要找到小团体成员的差异，分化瓦解。针对能够融入整体企业氛围并从专业技能角度对部门发展有利的成员，保留并给予正确的引导。对那些态度上不认同整体，又对企业和部门发展没有积极作用的成员，予以清退。分化瓦解小团体的方法有很多种，但需要注意的是分化瓦解的做法，是解决这类问题的下下策，在不到万不得已的时候，尽量不要采用。

团队建设的案例

第一节 诺基亚公司的团队建设

诺基亚在中国的投资超过17亿美元，拥有员工超过5500人。在什么样的领导和团队文化熏陶下，诺基亚实现了全球手机销售领先者的目标。

在市场的激烈竞争下，诺基亚移动电话的增长率持续高于市场增长率，从1998年起它就位居全球手机销售龙头，目前占有全球三分之一的市场，几乎是位居第二的竞争对手市场份额的两倍。诺基亚在中国的投资超过17亿美元，建立8个合资企业、20多家办事处和2个研发中心，拥有员工超过5500人。中国目前是诺基亚全球第二大销售市场。

诺基亚在中国生产与销售的产品主要包括两大类：一是中国移动通信系统以及固定网络设备；二是诺基亚的消费性移动电话产品。在这多样化的业务项目与组织中，诺基亚的企业竞争优势除来自对高科技的大量投入外，还在于大胆实践领导力变革。在诺基亚，企业与员工的关系不仅仅是雇佣关系，而且还是一种相互合作的伙伴关系，公司视员工的发展为自己的成就。记者采访了诺基亚中国公司，分享诺基亚在领导力开发与团队建设上的理念和做法。

一、由下而上开发领导力

Noel M. Tichy和Eli Cohen在1997年的著作《领导引擎》（The

Leadership Engine）一书中指出，一个具有高度竞争力的企业，其领导力应是由下而上，而非传统认为的只是由上而下，唯有能持续地在各阶层培养出领导者的企业，才能够适应改变，生存竞争。诺基亚正是这一理论的最佳实践者之一。

有效的领导力和管理团队建设被视为企业成长、变革和再生最关键的因素之一。领导力是一种能够激发团队成员的热情与想象力，一起全力以赴，共同完成明确目标的能力。领导者总是激励人们获取他们自己认为能力之外的目标，取得他们认为不可能的成绩。

在诺基亚并非只有顶着经理头衔的领导才需要具备领导能力，领导能力是每个员工通过日常工作与生活经验的培养积累而得。目的是让每一个人都是主动者，是他自己的领导。

优秀的企业都高度重视培养员工的工作能力与团队精神。诺基亚每年花在培训方面的费用超过 25.8 亿欧元，约为它全球净销售额的 5.8%。根据员工的特殊需要来进行教育培训，可以让员工看到自己有机会学习和成长，那么员工对组织的责任感就会加强，它的热情就会产生。

诺基亚的领导特色首先是体现在鼓励平民化的敞开沟通政策（open door policy），强调开放的沟通、互相尊重，使团队内每一位成员感觉到自己在公司的重要性。

公司的高层领导人率先身体力行，努力倡导企业的平等文化。比如诺基亚公司董事长兼首席执行官约玛·奥利拉（Jorma Ollila）每次到中国访问，从来不要前呼后拥，这远远胜过说教，充分体现了公司的平等文化。

诺基亚中国公司的中层管理人员对公司强调平等的管理文化也深有体会。据诺基亚的政府关系经理介绍，诺基亚在组织机构上，不是上下级等级森严，而是很平等，有问题可以越级沟通。而且有许多具体制度来保证下情上达，下面的意见不会被过滤。在这方面，诺基亚的具体做法有三种：

（1）每年请第三方公司作一次员工意见调查，听取员工对自己的工作和公司发展的看法，并和上年的情况做比较，看在哪些方面需要做改进。

（2）公司每年有两次非常正式的讨论，经理和员工之间讨论以前的表现，今后的目标，除了评估员工的表现，也是沟通彼此的想法。

（3）公司在全球设有一个网站，员工可以匿名发送任何意见，员工甚至可以直接发给大老板，下属的建议只要合理就会被接受。

（4）除了建立正式的开放沟通渠道之外，公司的管理层也会利用适当的时机与员工沟通。

（5）比如诺基亚（中国）投资有限公司总裁对员工所反映问题的处理方法是，如果牵涉到某个经理人，除非是另有考虑，否则马上把人找来，双方当面讲清楚，这样做让下属看到，上级领导的门永远是敞开着的，沟通是透明的。既保证沟通的透明度，又保证沟通的有序管理。掌握两者的平衡，是领导的艺术。

诺基亚有一个突出的做法，就是利用员工俱乐部，组织和管理员工的活动。俱乐部在管理上体现诺基亚的文化，尊重个人，让员工自己管理自己。

员工俱乐部体现了诺基亚尊重个人，自我做主的文化传统，以人人容易接受的方式来进行团队建设，把员工的兴趣融化在团队建设的活动当中，并以此提高员工在实际工作中的能力。

二、关心伙伴成长、鼓励尝试创新

随着信息技术的快速发展，产品的生命周期和研究发展重点、顾客的要求以及人才流动的速度等，都改变了企业的管理方式。假如还用老的领导思维应对新的市场变化，难免会失败。所以现代领导力的核心应该是如何进行领导变革和管理创新。

就诺基亚的实践方式，它具有三个特点，可供借鉴：

第一，关心下属的成长。公司关心的是市场竞争力和业绩，而员工关心的是个人事业的发展和对工作的满意度。经理人应当充当协调员的角色，将员工个人的发展和公司的发展有机结合起来。如果只是对下属硬性压指标，是不会有好效果的。

第二，用人不疑，疑人不用。一旦授权下属负责某一个项目，定下大方向后，就放手让他们去做，不要求下属事无巨细地汇报，而让他们自己思考判断，发现了问题由大家共同来解决，如果做出成绩是大家的。

第三，鼓励尝试创新。给下属成长空间，让他们敢于去尝试，并允许犯错误。否则，下属畏首畏尾，什么都请示领导，自己的主动性、创造性就没有了。

虽然诺基亚是一家大公司，很注重团队精神，但也非常强调企业家的奋斗精神，希望它的员工都能有一些企业家的思想，就是创新想法，不要墨守成规。这样可以更快地面对市场挑战，加强竞争力。

三、围绕企业文化、开展团队建设

诺基亚公司的企业文化包括四个要点：客户第一、尊重个人、成就感，不断学习。公司的团队建设完全围绕企业文化为中心，不空喊口号，不流于形式，而是落实到具体的行动中。诺基亚强调要把人们的思想和行为变成公司与外界竞争的优势，要提升诺基亚的员工成为一个工作伙伴，不仅是停留在一个雇主与员工的劳动合约关系上。唯有这样，工作伙伴们才会看重自己，一起帮助公司积极发展业务。

诺基亚中国公司媒介经理介绍，公司的团队建设活动一直在持续进行，各个部门都积极参与。公司会定期举行团队建设的活动，并具体和每个部门的日常工作、业务紧密相连。

诺基亚学院在团队建设和个人能力培养上发挥了很大作用，为员工提供很多很好的机会，能够让员工认识到他们是团队的一分子，每个人都是这个团队有价值的贡献者。

诺基亚在招聘之初，除了专业技能的考核外，也非常注重个人在团队中的表现，将团队精神作为考核指标中的主要项目之一。通常会用一整天时间来测试一个人在团队活动中的参与程度与领导能力，并考虑候选人是否能在有序的团队中发挥协作精神、应有的潜能和资源配置。以此保证，从一开始诺基亚所招聘的人，就能够接近公司要求团队合作的精神文化。

四、没有完美的个人、只有完美的团队

移动通信行业发展快速，手机历史大概只有 10 年，手机产品几

乎每18个月就更新换代。为反映这一行业特性，诺基亚在中国的5000多名员工的平均年龄只有29岁。诺基亚希望他们能跟上快节奏的变化，增加公司竞争力。为体现这个目标，在人力资源管理上，采取“投资于人”的发展战略，让公司获得成功的同时，个人也可以得到成长的机会。

诺基亚中国公司首先注重将全球战略与中国特色相结合，其次在关心员工、市场营销、客户服务等方面考虑到文化差异，提倡本地化的管理能力。

在诺基亚一个经理就是一个教练，他要知道怎样培训员工来帮助他们做得更好，不是“叫”他们做事情，而是“教”他们做事情。诺基亚同时鼓励一些内部的调动，发掘每一个人的潜能，体现诺基亚的价值观。

当经理人在教他的工作伙伴做事情、建立团队时可以设计合理的团队结构，让每个人的能力得到发挥。没有完美的个人，只有完美的团队，唯有建立健全的团队，企业才能立于不败之地。

第二节 华为的团队管理

华为在项目团队管理的精髓可以简单总结为精细化管理与人性化管理相结合的双重效益。由于华为公司的严格纪律和刻苦的工作风格，如果单单从收入水平和生活质量来衡量的话，可以肯定地说，华为员工的幸福指数是并不算太高的；但是因为华为同时具有人性化对待员工方式的这个法宝，使得员工在心理上的满足感和幸福感同样增强了华为团队的凝聚力和向心力。

一、精细化的项目团队管理

（一）项目团队管理纪律严格，奖罚分明

众所周知，华为是一个半军事化管理、纪律严明甚至有些苛刻的公司。就拿华为的一个项目组来说，项目组现场管理制度包括了严格且明确的现场纪律要求条款，如严格规定上下班作息时间，办公桌面

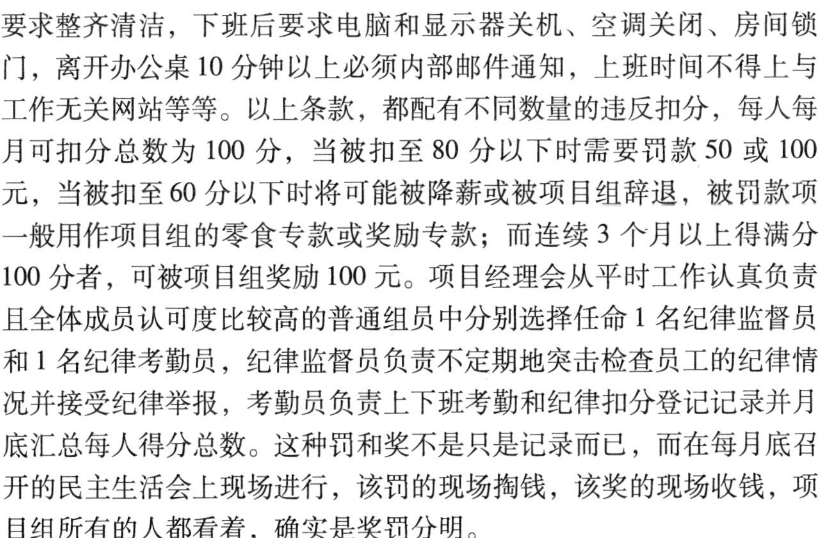

要求整齐清洁，下班后要求电脑和显示器关机、空调关闭、房间锁门，离开办公桌10分钟以上必须内部邮件通知，上班时间不得上与工作无关网站等等。以上条款，都配有不同数量的违反扣分，每人每月可扣分总数为100分，当被扣至80分以下时需要罚款50或100元，当被扣至60分以下时将可能被降薪或被项目组辞退，被罚款项一般用作项目组的零食专款或奖励专款；而连续3个月以上得满分100分者，可被项目组奖励100元。项目经理会从平时工作认真负责且全体成员认可度比较高的普通组员中分别选择任命1名纪律监督员和1名纪律考勤员，纪律监督员负责不定期地突击检查员工的纪律情况并接受纪律举报，考勤员负责上下班考勤和纪律扣分登记记录并月底汇总每人得分总数。这种罚和奖不是只是记录而已，而在每月底召开的民主生活会上现场进行，该罚的现场掏钱，该奖的现场收钱，项目组所有的人都看着，确实是奖罚分明。

（二）项目团队管理精细化的绩效考核

在华为的合作项目团队，项目经理制定整个项目组较大层面的进度计划，并监督各小组对计划的执行情况，并根据小组的工作进展对小组长进行绩效考核。小组长对各自组员的计划进度进行更加细致的安排。在任务紧张时期几乎可以细到2～3小时这样粒度的工作量，每位组员的工作量应该说编排得非常饱和了，所以在这样的一个团队里有谁想在工作时间内做与工作无关的事情基本是不可能的；小组长几乎每天要对组员的工作进度（尤其是对开发人员）进行一次检查，以尽早发现问题及时采取措施，防范潜在的风险，细粒度的工作监控很容易发现、跟踪到各个组员的表现状态和工作能力；另外，每个小组长一般也会记录一份红黑事件记录表，专门记录小组中发生的一些红（表扬）事件和黑（批评）事件，比如某组员帮助其他同事解决一个重大BUG或总结出一个技术经验并写成文档共享给项目组其他同事等都记入红事件，而某组员在系统升级时漏升某个文件而导致升级不成功时就记入黑事件，红事件和黑事件都是作为绩效考核中加分和减分的依据。所以绩效考核的评分基本都是客观准确的，是有据可查的。精细客观的绩效考核方式无疑规范了项目组的绩效考核制度，整齐了整个项目组的价值认同感。

（三）全员参与项目团队管理，塑造普遍积极性

华为在对项目组范围内的管理是非常精细的，这样管理的工作量无疑是非常大的，如果仅凭项目组中几个骨干管理人员来进行管理，那么他们无论如何是无法忙得过来的，更无法做与项目本身相关的任何技术性工作，这自然将导致人力成本的巨大浪费，那么华为合作项目组中是如何解决这个问题的呢？

全员参与管理，这是在华为项目管理中比较独特的一种方式，除了前面所说的项目经理将管理工作分解到各小组长外，项目组中还会任命很多为项目团队管理服务的角色和职务，比如前面已提及的纪律监督员、纪律考勤员，还有图书管理员、配置管理员（CMO）、培训管理员等。在一个大型项目组中，各种协调和基础性管理工作是非常多的，这些工作被整理并分解到不同的人员负责，并以责任分工界面方式明确下来，在项目组中的几乎所有成员都会参与到这样的管理工作中来，很好地提高了所有组员的主人翁意识和积极性；即使在每个小组中，小组长也会经常根据项目任务进展需要和组员的能力情况，分配一些专项主题工作由不同组员负责牵头，组员心理上常能感受到组长对自己能力的信任和认可，领命之后的组员一般都能感受到一种使命感而投入极大的热情负责这类工作，效果也常是非常明显的。全员参与管理，极大地塑造和提升了整个项目组的积极性。

（四）流动轮岗，培养项目团队管理和提高员工技能

在项目中，为了培养和全面提升员工的技能，经常会安排员工进行轮岗。比如开发组的员工有时会被安排到业务保障组参与一段时间的需求分析工作或被安排到维护组做一段时间的CMO，这对开发人员成长是非常有利的，对开发人员技能的全面提升有着直接的效果。

（五）在项目团队管理中的新员工导师制

任何进入华为合作项目中的新员工，在试用期期间都有专门的导师负责跟踪和指导其尽快完成角色转变和对工作环境的适应。除了项目组安排对新员工关于项目组所用开发平台工具的集体培训外，导师需要安排新员工较为密集的学习和工作任务，一方面使其尽快能胜任所承担的工作，另外一方面也使得他能够适应项目组节奏快的工作环境。在华为导师制的基础上，导师需要每周提交导师周报至项目经理和部门经理，跟踪和监控新员工的表现状况并计划下周指导的重点和计划，最后导师需要对新员工的能力作出评价，新员工能否转正主要取决于导师的评价和新员工工作任务的完成情况。有了导师，新员工就有了方向感，既能够更快地适应新的工作环境和融入项目组的工作团队中，同时项目组也能更快更准确地发现和确认新员工是否具备真实的工作能力，是否可经受考验成为真正合格的员工。

二、人性化的项目团队管理

华为合作项目组在工作管理上，已是非常之精细和严格的，但同样特别之处就是华为在团队建设方面又处处体现人性化，精细化的管理与人性化的管理可谓珠联璧合，通过这种方式，打造出来的华为合作项目团队管理的整体作战实力是非常强的。

（一）项目团队管理建设与娱乐活动

华为合作项目组非常注重团队建设，在非常有限的项目经费中省出一部分专门用于团队建设，定期搞一些娱乐活动，活跃团队氛围。比如去年搞过的户外拓展运动，今年搞过的南鹏岛海上游等都给整个项目组成员留下了深刻的回忆，活跃了整个集体的氛围，密切了项目组成员之间的感情，加深了项目组成员对项目组的认同感和归属感。

另外，华为项目组会在每个月为在本月份生日的员工过一次集体生日，大家一起为寿星们祝贺生日快乐，吃生日蛋糕，每个人都能够感受到集体的问候和温馨。

项目组鼓励大家参加一些对工作有益的认证考试，对于通过考试拿到认证资格证书者，项目组在民主生活会时会现场对其进行奖励，每个组员都感受到努力所带来的直接激励。

（二）项目团队管理民主生活会，批评与自我批评

华为合作项目组有一个非常优良的传统，这来源华为的内部企业文化，在为运营商现场服务的项目组中坚持得也非常好，这就是每月一次的民主生活会。民主生活会，既可以说成是一个茶话会，因为开会现场会买来很多水果零食之类的东西；也可以是一个正式的工作会，因为在这个民主生活会上项目经理必定会对整个项目当月的工作情况进行总结和回顾，并部署和安排下一个月的工作计划和目标。在民主生活会的最后一项议题也是很重要的，就是批评和自我批评，项目经理会要求各小组写出 3 条自身需要改进的方面和 2 条其他小组或项目经理需要改进的方面，并由其进行阐述。这样，每个小组既能自身检讨工作中的不足，又能帮助其他小组发现一些问题，使得自己和兄弟小组一起成长和提高；同时，通过这种坦诚布公的批评与自我批评的方式，也增进了各小组之间的兄弟友情，消除了误会，可改进今后合作配合的效率。

（三）项目团队管理例行沟通与人性化关怀

华为合作项目组中也带来了华为公司内部的一些人性化管理风格，比如例行沟通，就是项目经理会定期抽时间与各位组员做一次例行沟通（后来我发现华为的部门经理也会定期找部门成员做一些例行沟通）。例行沟通涉及的内容主要是与沟通当事人一起回顾一下其前一段时间的总体工作表现，并肯定其所做出的努力和成绩；另外，更重要的是需要具体指出对方在某些方面的不足之处，并指明改进的方式和方法，对他提出殷切的期望。同时，例行沟通中也会问及组员自身存在什么样的困难和疑虑，需要项目组领导帮助解决的，或者对项目组制度方面存在什么样的想法和意见。一般通过这样的例行沟通，项目经理基本上可以较清楚地掌握每位组员的思想动态，也可以

对其有针对性地进行帮助和教育，使其提高对组织的认同感，提高人员的稳定性和凝聚力。

第三节　联想创业从卖菜到夯土

1985 年，联想创业者们尚不懂自己该干什么，不该干什么，也不知道该怎么办，对企业基础管理可谓一窍不通。

当时彩电是社会抢购的紧俏商品，联想高层看准这个商机，就千方百计几经周折从电视机厂搞来一批彩电，想加价后再卖出去，认为赚钱没问题，但他们当时居然不懂把税金打入成本。在交完税之后，赔了。于是创业者们只好到郊区农村买来萝卜、白菜放在计算机所门口卖给职工，以补亏损。创业者们还卖过旱冰鞋和电子表，但都失败了。

这时候，大家对应该干什么开始进行讨论：企业要不要目标？要什么样的目标？

就企业大目标，柳传志提出三条：一要做长久性公司，百年老字号，就不要急于出名，也不要太高利润；二要做个有规模公司，就要追求国际性市场地位；三要做最有潜力的高科技公司，万不可什么赚钱干什么！

在发展战略上，柳传志提出指导思想：一是坚决不受用一个产品一举成功的诱惑；二要做外国大公司不能或不愿做的事；三是做小公司或短期行为公司做不了、不想做的事。

这就定下了联想集团在创业初期的方向，尽管它还是模糊的，但在方向上是明确的。

联想在其后 10 年多发展中从不受金融、保险、房地产等高利润的诱惑，坚持电脑专业化方向，但它需要措施保障。

柳传志总挂在嘴边的一句话，叫作“撒上一层新土，夯实，再撒上一层新土”。本意是要稳扎稳打地做企业，柳传志更重视队伍基础建设；以好的理念、思想、习惯等优秀文化去影响和共铸联想文化；吸纳一批新人，经消化以后，再吸纳一批人，建成“斯巴达克方阵”。

在进入国际市场上，联想也不是先到美国，而是先到中国香港。即使先进入中国香港，柳传志也想的是请高人指点，他叫“瞎子背瘸子”，请中国香港导远电脑公司的专家指点联想这个“瞎子”。在投资上，柳传志第一次进入中国香港也只带去30万港币，但却在中国香港怡东大酒店召开了隆重的中国香港联想公司成立大会，否则让人家看不起。总之，联想在任何情况下都不会走到没退路的地步。

第四节 西门子和索尼公司的案例

一、西门子公司的案例

是什么造就了西门子150多年的辉煌？高质量的产品、完善的售后服务、不断创业和创新以及高效的人才培训被认为是西门子成功的关键。

在人才培训方面，西门子创造了独具特色的培训体系。西门子对员工进行培训的根本目标是使他们能够从容应付来自各方面的挑战。为此，西门子为员工设计了各种各样高效的培训，这些培训从内容上看，主要分为三种：（1）新员工培训；（2）大学精英培训；（3）员工在职培训。

（一）新员工培训

新员工培训又称第一职业培训。在德国，一般15岁到20岁的年轻人，如果中学毕业以后没能进入大学，要想工作，必须先在企业接受3年左右的第一职业培训。在第一职业培训期间，学生要接受双轨制教育：一周工作5天，其中3天在企业接收工作培训，另外2天在职业学校学习知识。这样，学生不仅可以在工厂学到基本的熟练技巧和技术，和伙伴们一起在日常的工作实践中学到很多东西，而且可以在职业学校受到相关基础知识教育。通过接近真刀实枪的作业，他们的职业能力及操作能力也会得到提高。由于企业内部的培训设施基本上使用的是技术最先进的培训设施，保证了第一职业培训的高水平，因此第一职业教育证书在德国经济界享有很高的声誉。由于第一职业培训理论与实践结合，为年轻人进入企业提供了有效的保障，也深受年轻人欢迎。在德国，中学毕业生中的60%～70%接受第一职业培训，20%～30%选择上大学。

西门子早在1922年就拨专款设立了专门用于培训工人的“学徒基金”。现在公司在全球拥有60多个培训场所，如在公司总部慕尼黑设有韦尔纳·冯·西门子学院，在爱尔兰设有技术助理学院，他们都配备了最先进的设备，每年培训经费近8亿马克。目前共有10000名学徒接受第一职业培训，大约占员工总数的5%，他们学习工商知识和技术，毕业后可以直接到生产一线工作。

在中国，西门子与北京市国际技术合作中心合作，共同建立了北京技术培训中心，西门子投资4000万马克。合同规定，中心在合同期内负责为西门子在华建立的合资企业提供人员培训，目前该中心每年可以对800人进行培训。

第一职业培训（新员工培训）保证了员工正式进入公司时就具有很高的技术水平和职业素养，为企业的长期发展奠定了坚实的基础。

（二）大学精英培训

西门子计划每年在全球接受3000名左右的大学生，为了利用这些宝贵的人才，西门子也制定了专门的计划。

西门子注意加强与大学生的沟通，增强了对大学生的吸引力。公司同各国高校建立了密切的联系，为学生和老师安排活动，并无偿提供实习场所和教学场所，举办报告会等。1995年4月，西门子在北京成立了“高校联络处”，开始与高校建立稳定而持久的伙伴关系，加强与高校教师、学生及各院系、研究所的联系和沟通。西门子每年在重点院校颁发300多项奖学金，并为优秀学生提供毕业后在西门子求职的指导和帮助，“高校联络处”也因而被称为西门子和高校沟通的桥梁。

进入西门子的大学毕业生首先要接受综合考核，考核内容既包括专业知识、也包括实际工作能力和团队精神，公司根据考核的结果安排适当的工作岗位。此外，西门子还从大学生中选出30名尖子进行专门培训，培养他们的领导能力，培训时间为10个月，分3个阶段进行。第一阶段，让他们全面熟悉企业的情况，学会从INTERNET上获取信息；第二阶段，让他们进入一些商务领域工作，全面熟悉本企业的产品，并加强他们的团队精神；第三阶段，将他们安排到下属企业（包括境外企业）承担具体工作，在实际工作中获取实践经验和知识技能。目前，西门子共有400多名这种“精英”，其中四分之一在接受海外培训或在国外工作。大学精英培训计划为西门子储备了大量管理人员。

（三）员工在职培训

西门子人才培训的第三个部分是员工在职培训。西门子公司认为，在世界性的竞争日益激烈的市场上，在革新、颇具灵活性和长期性的商务活动中，人是最主要的力量，知识和技术必须不断更新、换代，才能跟上商业环境以及新兴技术的发展步伐，所以公司正在努力走上一个“学习型企业”之路。为此，西门子特别重视员工的在职培训，在公司每年投入的8亿马克培训费中，有60%用于员工在职培训。西门子员工的在职培训和进修主要有两种形式：西门子管理教程和西门子员工再培训计划，其中管理教程培训尤以独特和有效闻名。

二、索尼公司的案例

一天晚上，索尼董事长盛田昭夫按照惯例走进职工餐厅与职工一起就餐、聊天。他多年来一直保持着这个习惯，以培养员工的合作意识和与他们的良好关系。这天，盛田昭夫忽然发现一位年轻职工郁郁寡欢，满腹心事，闷头吃饭，谁也不理。于是，盛田昭夫就主动坐在这名员工对面，与他攀谈。几杯酒下肚之后，这个员工终于开口了：“我毕业于东京大学，有一份待遇十分优厚的工作。但是，进入索尼之前，对索尼公司崇拜得发狂。当时，我认为我进入索尼，是我一生的最佳选择。但是，现在才发现，我不是在为索尼工作，而是为课长干活。坦率地说，我这位课长是个无能之辈，更可悲的是，我所有的行动与建议都得课长批准。我自己的一些小发明与改进，课长不仅不支持，不解释，还挖苦我癞蛤蟆想吃天鹅肉，有野心。对我来说，这名课长就是索尼。我十分泄气，心灰意冷。这就是索尼？这就是我的索尼？我居然要放弃那份优厚的工作来到这种地方！”这番话令盛田昭夫十分震惊，他想，类似的问题在公司内部员工中恐怕不少，管理者应该关心他们的苦恼，了解他们的处境，不能堵塞他们的上进之路，于是产生了改革人事管理制度的想法。之后，索尼公司开始每周出版一次内部小报，刊登公司各部门的“求人广告”，员工可以自由而秘密地前去应聘，他们的上司无权阻止。另外，索尼原则上每隔两年就让员工调换一次工作，特别是对那些精力旺盛，干劲十足的人才，不是让他们被动地等待工作，而是主动地给他们施展才能的机会。在索尼公司实行内部招聘制度以后，有能力的人才大多能找到自己较中意的岗位，而且人力资源部门可以发现那些“流出”人才的上司所存在的问题。

第五节　小案例集锦

一、神驼物流的案例

蒋大奎和陆谟经过三年苦读，获得了 MBA 学位。1996 年初，他俩想自己出去闯天下，自立门户，二人分析了自己的长处与不足，又做过初步市场调研后，决定涉足中、短途公路物资运输。经过筹备，办起了“神驼物资运输有限责任公司”，董事会决定，先小规模试探，买下三台旧卡车，择吉开张。

蒋、陆两人既兴奋又不安，但他们学的是 MBA，对管理理论是熟悉的，知道应该先务虚，再务实，即先制定公司文化与战略这些“软件”，再搞运营、销售、公关等这些“硬件”。

他们观察本地公路运输服务业，觉得彼此差异不大，没有特色，这正犯兵家之大忌。“神驼”必须创造自己独有的特色！经仔细推敲，决定“神驼”就是要在服务方面出类拔萃。但要做到这一点，需要适当的人来保证。蒋、陆二人觉得在这创业阶段，公司结构与人员都必须贯彻“少而精”的原则。为此，组织结构只设两层，他俩都不要助理和秘书，直接一抓到底。分配上基本是平均的，工资也属行业中等，但奖金与企业效益直接挂钩，部分奖金不发现金，改为优惠价折算的本企业股票。基层的职工只分内、外勤，外勤即司机和押送员，内勤则是分管职能工作的职员，他们的岗位职责并不太明确，而是编成自治小组，高度自主。有活一起干，有福一同享，分工含混可多学技能知识，锻炼成多面手。为此，他们在选聘职工时十分仔细，并轮流向他们介绍公司的宗旨和目标。

头半年确实很辛苦，但似乎是得大于失的。这种团结一致，拼命向前的气势和决心，确实使“神驼”服务质量在用户中一枝独秀，口碑载道。一开始是派人上门招引用户，半年下来，反是用户来登门恳请提供服务，用户们还辗转相告，层层推荐。“神驼”的业务滚雪球似地增长，蒋、陆二人已有些应接不暇了。

二、三个和尚没水吃的启示

在很久以前，有一个矮和尚要去山顶上的一个破庙，他来到庙中，看见庙里的缸没水了，便挑水给观音的瓶子中加了水，那干枯的杨柳也死灰复燃。不久后，一个胖和尚也来到庙中，他喝完了庙中的水，又挑了一桶，之后两人都不愿挑水，后来他们意识到这样做不行，于是两人开始沟通抬水吃。不久后，一个瘦和尚来到了庙中，由于天热，他来到了庙中喝完了庙中的水，又挑了一桶，之后三人都不愿挑水。杨柳也谢了，最后风干物燥，老鼠横行，引起了一场大火，三人奋力救火。风波平息后，三人开始通力合作打水。

当初读到这篇古老的寓言的时候，我们知道了团结合作的重要性。其实，这个寓言也可以看成是一个任务管理的案例。它所反映的问题就是：同样完成一个任务，缺乏团队协作的结果还不如个人独立工作或者作为合作双方订立契约。因为一个团队内部是不可能以契约形式作为彼此合作的前提。而现实的问题是，由于个人的能力有限，因而在实施一个任务时，必须建立一个由多人组成的任务组。这个任务组是否能够和谐地进行团队协作，将决定了这个任务能否成功。这个寓言最有意思的地方在于：同样都是需要沟通与协调，为什么在两个人的时候能够达成一致，反而在三个人或者以上的时候就乱套了呢？难道仅仅是因为人数的增加导致意见不一致吗？应该说，这个牵涉到团队协作中三个基本的因素：分工、合作以及监督。一个人和两个人的时候，这三个因素都可以比较容易满足条件，因此不容易发现问题。而一旦超过3个人，这些因素就马上会将矛盾凸现出来。而为了解决这些矛盾，只有追根溯源将三要素理清。下面我们逐个的分析问题所在。

（一）分工

如果是一项单人就可以胜任的工作，上司一般会指派给专人负责。而在需要与同伴协作的工作中，彼此则可以通过平等的协商和沟通从而对工作量和工作内容进行有效地分配。而一个大的任务，由于其成员人数较多，因此在工作量与工作内容的分配问题上，显然难以通过彼此的平等协商和沟通而得出一个有效并令众人都满意的方案。即使上司可以进行安排与协调，但这本身就需要上司懂得怎样进行团队协作。

（二）合作

有分工，就需要合作，即彼此相互配合。在两个人的合作中，由于人员构成简单，在彼此合作、协调、沟通的难度上远远低于团队协作。而在一个大的任务组中，由于其成员身份背景的差异，彼此间的人际关系的复杂以及对彼此工作的不熟悉等原因，因此造成了在彼此相互合作上存在相当大的难度。

（三）监督

监督作为一种协作手段，其存在的主要原因是由于成本和收益的关系存在。用西方经济学的概念来解释：即任何理性的人，都希望以最小的成本来达到最大的收益。反映在一个大的任务中，即任务组中的任何成员都想花费自己最少的精力来完成既定的任务，而他们节约自己工作成本的方式，就是让其他组员承担原本需由自己完成的工作。因此，如果缺乏有效的监督，就会导致所有任务组成员都偷工减料，从而使该任务彻底失败。这在三个和尚的案例中体现的尤为明显。

而在个人独立工作时，一切工作成本都需由自己负担，因而没有让其他人分担的可能。在两个人的协作中，彼此可以进行简单有效的互相监督，因而这方面存在问题的可能性也较小。

由此可知，在完成一个大的任务过程中，建立起良好的团队协作至关重要。因而在对一个任务的管理过程中，团队协作显然是不可忽略的重要环节。而在处理团队协作问题时，建立起合理完善的团队机制就是首先解决的问题了。

所谓团队机制，简单地说，即是对团队内各成员的分工、合作以及监督等职责的规定。具体反映在建立一系列规章制度的同时，它着重落实到给团队各成员建立起其在团队内的“身份”。而这种身份事实上即是对其团队职责的反映。所以说，一个完善合理的团队机制，其重点即是对团队各成员职责的合理划分和规定，即是给团队内各成员都确定一个合理的“团队身份”。使得无论是任务经理还是组员，都可以找到自己在整个任务中的坐标。

三、猪八戒为什么总想离队的思考

西游记带给人们很多思考。细细品味西游记中的四个主人翁，只有一个人最不忠诚，经常想离队，一遇到困难就想分东西然后各奔东西。这个人就是猪八戒。那么，为什么这四个人组成的团队中，只有猪八戒有这种想法，而其他的人没有呢？套用比较时髦的一个词，为什么只有猪八戒“不忠诚”呢？这其实是一个很好的团队管理案例。

既然谈到忠诚，就需要考虑什么是忠诚，忠诚有几种。我想，不用学术用语，只用大白话描述的话，忠诚就是死心塌地、心甘情愿地做一件事。如果对一个组织中的人的忠诚进行分类的话，我想应该可以分成“忠诚于事业——职业；忠诚于个人；忠诚于组织——企业”。那么西游记中的人物分别是哪种忠诚呢？

首先是唐僧，他不惧千难万险一心一意去西天取经，然后普度众生。他有着强烈的使命感，这是他生命中唯一的事情。所以对于他来说，去西天取经是他的生命的力量，只要生命不息，就会取经不止。

因此，对于唐僧来说，他是忠诚于事业——职业。

然后是孙悟空，西天取经他唯一的任务和工作就是斩妖除魔，保护唐僧去西天取经，对这件事情他义无反顾，而且无怨无悔，即便是每次被师傅误会，念紧箍咒赶他走，他也一再要求留下。但是孙悟空的目的绝对不是去西天取经，而是保护唐僧。因为当年是唐僧把压在五指山下五百年的他救了出来，他是报恩。因此，对于孙悟空来说，他是忠诚于个人。

其次是沙僧，他这一路上无怨无悔、任劳任怨，也不要别人记得他，只是默默无闻地挑着行李。对于他来说，有“金蝉子”这样的师傅，有着“齐天大圣”和“天蓬元帅”这样的师兄，大家一起去取经是多么好的一件事情啊，他喜欢这个团队，喜欢师傅的善良与坚韧，喜欢大师兄的本领高超，也喜欢二师兄开朗活泼的性格，在这个团队中本身就是一件让人高兴和值得珍惜的事情。因此，对于沙僧来说，他是忠诚于组织——团队。

最后来谈猪八戒，虽然最后他也和其他人一起取得真经度得真身了，但毕竟这一路上只有他在遇到困难的时候想到退缩，在遇到危险的时候想到离开，他的表现最“不忠诚”。为什么呢？我们看看猪八戒是如何加入团队的，当年猪八戒本来是要迎娶高老庄大小姐的，是唐僧和孙悟空“坏了他的好事”，他是有牵挂的人。而且对于猪八戒来说，平生两大喜好——“好食”、“好色”，取经是件苦差事，让猪八戒加入这个团队本身就是和猪八戒个人志向不一致的。因此，猪八戒不具备忠诚的条件，唯一有的是师徒四人一路走下来留下的深厚感情。还有一点，就是唐僧是一个职业经理人，而且这个职业经理人权力还不大，没有什么可以给他的几个徒弟的，唯一有的是“如来佛祖”和“观世音菩萨”的不明确的对未来的许诺。和唐僧一起干活，但是绩效考评和奖励不归他管，最后的分封都是“如来”说了算。如果他能决定并告诉猪八戒，等到取经成功，他可以享受世间所有供奉，对猪八戒来说或许有一定的吸引力，但“净坛使者”是“佛祖”封的。

猪八戒想离开不仅仅是因为猪八戒自己。这个团队管理案例提示每一个领导者，如果不能给下属愿景和期望的话，下属该怎么办？

也许这是这个团队管理案例留给每一个领导者的思考!!!

四、与团队建设有关的一些小故事

(一) 味精瓶口上的8个小孔

日本一家味精公司的销售量老上不去，于是发动员工提合理化建议。

一位女工发现一般人做完菜拿起味精瓶随便在菜上晃几下，从不计算用了多少，于是建议公司把味精瓶盖上的4个孔改为8个孔。家庭主妇们依然像过去那样随便晃几下，但却不知味精此时却多了一倍。

这个微小的改变，使这家公司的味精销量增长了三倍，这位女工荣获当年度“最佳创意奖”。

(二) 三个螺栓

美国底特律的一家汽车公司拆除了一辆日本进口车，目的是要了解某项装配流程：为什么日本人能够以较低的成本做到超水准的精密度与可靠性？他们发现不同之处在于：日本车在引擎盖上的三处地方，使用相同的螺栓去接合不同的部分。而美国汽车同样的装配，却使用不同的螺栓，使汽车的组装较慢、成本较高。

为什么美国公司要使用三种不同的螺栓呢？因为在底特律的设计单位有三组工程师，每一组只对自己的零件负责。

日本的公司则由一位设计师负责整个引擎或范围更广的装配。

具有讽刺意味的是，这三组美国工程师，每一组都按照岗位要求完成了他们的任务，并都认为他们的工作是成功的，因为他们的螺栓与装配在性能上都不错。

(三) 五个为什么

一个车间主任进入工厂的车间，他看见地上有一摊油，就向清洁工大喊：“嘿，地上有一摊油，快把它弄干净，否则就会有人滑倒!”

当车间主任问为什么地上会有油时，清洁工并不知道，询问机器的操作工才知道：是运输机器正在漏油，机器上有个很显眼的破洞。主任要求维修工将机器修好。

又问“为什么机器上有个洞呢?”“是塞子坏了。”维修工回答说。“为什么塞子坏呢?”主任再次询问，可维修工不知道答案了。只有采购部的人才知道采购的这批活塞价格很低，质量很差。为什么采购部用这么低的价格采购？主任回到办公室打电话询问，才知道近来鼓励低价采购，所以引发上述现象。

为什么公司要鼓励低价采购呢？为了开源节流！但劣质低价的活塞在使用中的消耗的数量会大大增加，加上增加的维修等其他成本，结果是不仅没有开源节流，反而带来生产上的一片混乱。

（四）地毯商人

从前，有一位地毯商人，看见他最美丽的地毯隆起了一块，便走过去把它弄平。但是，在不远处，地毯又隆起了一块，他又走过去把隆起的地方弄平，不一会儿，在一个新的地方，地毯再次隆起了一块，如此一而再、再而三的，他试图弄平地毯；直到最后，他拉起地毯的一角，一条大蛇溜了出去。

（五）醉汉找钥匙

过路人遇到一个醉汉在路灯下，跪在地上用手摸索。他想帮助醉汉，走过去说：“你在找什么?”醉汉说：“我在找我房间的钥匙。”

“你在什么地方丢的呢?”

醉汉回答：“在我家门口掉的。”

“那为什么不去你家门口，而在路灯下找呢?”过路人又问道。

醉汉回答说：“因为我家门口没有路灯呀!”

（六）大墙的启示

彼得·圣吉在20世纪70年代后期，一次偶然的机会，参加了系统动力学的前辈米铎丝主持的一个三小时的研习会，主题是第三世界营养不良的问题。与会者来自各国著名的专家，尝试运用他们的专业知识，从各角度，寻找出全球饥饿的成因模式。没有多久，在墙上已经包含许多事情，从经济因素、政治因素、文化价值到国际贸易。在旁听席中有一位致力于粮食与和平问题的女士，开始叹气并摇头。

米铎丝暂停下来问她是不是不舒服。这位女士说：“我的天！我总是假设有人知道这个问题的答案。我本以为政客们知道该做什么事，只是为了政治上的考虑和贪念而拒绝去做。但是现在我明白没人知道答案。我们不知道，他们不知道，任何人都不知道。”

大墙的启示之一：深刻揭示了思考中权威主义的根源。

大墙的启示之二：告诉我们，你所知道的“答案”充其量只是近似值，它总是有改善的余地。

大墙的启示之三：告诉我们，如果组织成员共同发觉没有人有答案，那么组织将会以不寻常的方式改变。

（七）一根过热电线惹的祸

据《环球时报》2003 年 8 月 25 日报道，美国剑桥能源研究所专家分析，美国和加拿大 8 月 14 日大停电的罪魁祸首是一根过热电线。

据专家描述说，14 日下午 3 点 32 分，美国俄亥俄州克利夫兰郊外一根过热的电线下垂到一棵树上，立即引发一串激烈的连锁反应，造成整条电路输送瘫痪。因为俄亥俄州的电力供应量本来就很大，使得其他输电线路负荷过重。很快，该州南部供电的一家电力公司眼看就要燃烧起来，于是人们立即拉闸断电进行保护，造成该州南部和北部之间输电全面中断。接着克利夫兰由于供电枯竭，从密歇根州和加拿大的安大略省吸收大量电能，导致这两个地区的电线和发电厂大面积崩溃，供电危机一直蔓延到纽约州，而纽约州为了保护自己，切断了与加拿大的电网联系。

但这反而造成纽约州的电能无法及时输出，使得整个供电系统负荷过重，最终引起了纽约州的大停电。

（八）人生的蝴蝶效应

蝴蝶效应是混沌理论中的一个术语，是根据一种奇异吸引子的蝴蝶形状命名的。它首先是由美国气象学家爱德华·路伦兹在建立地球天气计算机模型时发现的。

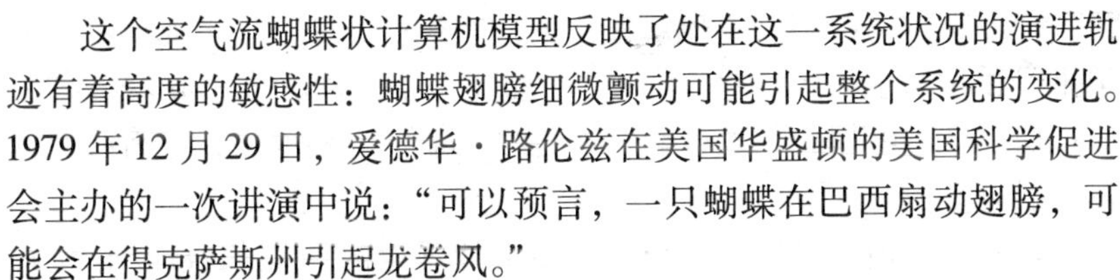

这个空气流蝴蝶状计算机模型反映了处在这一系统状况的演进轨迹有着高度的敏感性：蝴蝶翅膀细微颤动可能引起整个系统的变化。1979 年 12 月 29 日，爱德华·路伦兹在美国华盛顿的美国科学促进会主办的一次讲演中说："可以预言，一只蝴蝶在巴西扇动翅膀，可能会在得克萨斯州引起龙卷风。"

初始条件的十分微小的变化经过不断放大，对其未来状况会造成极其巨大的差别，我们可以用在西方流传的一首民谣对此作形象说明。这首民谣说：丢失了一个钉子，坏了一只蹄铁；坏了一只蹄铁，折了一匹战马；折了一匹战马，伤了一位骑士；伤了一位骑士，输了一场战斗；输了一场战斗，亡了一个帝国。马蹄铁上一个钉子是否会丢失，本是初始条件的微小的变化，但其"长期"效应却是一个帝国或存或亡这样根本性的差别。

人生也有蝴蝶效应。一个微不足道的动作，或许会改变人的一生，这绝不是夸大其辞，可以作为佐证的事例随手便能拈来。美国福特公司名扬天下，不仅使美国汽车产业在世界上占据鳌头，而且改变了整个国民经济状况，谁又能想到该奇迹的创造者福特当初进入公司的"敲门砖"竟是"捡废纸"这个简单的动作？

那时候福特刚从大学毕业，他到一家汽车公司应聘，一同应聘的几个人学历都比他高，在其他人面试时，福特感到没有希望了。当他敲门走进董事长办公室时，发现门口地上有一张纸，很自然地弯腰把它捡起来，看了看，原来是一张废纸，就顺手把它扔进了垃圾篓。董事长对这一切都看在眼里。福特刚说了一句话："我是来应聘的福特"。董事长就发出了邀请："很好，很好，福特先生，你已经被我们录用了。"

平安保险公司的一个业务员也有与福特相似的惊喜。他多次拜访一家公司的总经理，而最终能够签单的原因，仅仅是他在去总经理办公室的路上，随手捡起地上的一张废纸并扔进了垃圾桶。总经理对他说："我（透过窗户玻璃）观察了一个上午，看看哪个员工会把废纸捡起来，没有想到是你。"而在这次面见总经理之前，他还被"晾"了 3 个小时，并且有多家同行在竞争这个大客户。

福特和业务员的收获看似偶然，实则必然，他们下意识的动作出自一种习惯，而习惯的养成来源于他们的积极态度。这正如著名心理学家、哲学家威廉·詹姆士所说："播下一个行动，你就收获一种习惯；播下一种习惯，你就收获一种性格；播下一种性格，你将收获一种命运。"

事实上，被科学家用来形象说明混沌理论的"蝴蝶效应"，也存在于我们的人生历程中：一次大胆的尝试，一个灿烂的微笑，一个习惯性的动作，一种积极的态度和真诚地服务，都可以是生命中意想不到的起点，它能带来的远远不止于一点点喜悦和表面上的报酬。

（九）品行的考验

中国香港"领带大王"曾宪梓在一次面试应聘员工时，有意将一支扫把斜斜地倒在门口。结果有的人顺手扶了起来，有的人视而不见。最后，主动把扫把扶起来的人被录用了，而不扶扫把的人条件再好也未被录用。曾宪梓认为，不扶扫把的人有两种情况：一是虽然看到了，但由于没有绊倒自己，所以没管。这说明这个人不习惯为他人着想。二是他也知道扫把会绊倒人，但他不去做，说明这个人很懒。曾宪梓的观点得到许多企业家的认同，所以，类似的测验经常采用，比如将订书机掉在地上，灭火器突然被人碰倒等。这种小测试，正是对一个人品行的考验。

一位应聘者走进考场，发现地毯上有一个纸团，他马上把纸团拾起来，扔进墙角的废纸篓里。这时，考官说："请你展开纸团，当众读一下。"这位应聘者，便从废纸篓里捡起纸团，展开一看，纸团上写到：热烈欢迎你来我公司就职，你被录取了。

总经理和客人同去卫生间，总经理见到小便池里有一个烟蒂，便随手拾起来丢进垃圾箱内。客人问："你不嫌脏吗?"总经理反问客人："你嫌脏吗?"

吴生到一家著名的民营企业去应聘财务主管。经过激烈竞争，脱颖而出，进入面试。当他进入老板办公室时，老板眼睛一亮，离开座位，走到吴生面前，惊喜地说："你就是去年在关外救我女儿的那位先生，你让我找得好苦!"吴生从来没救过什么老板的女儿，他知道老板认错人了。但他心眼一动，觉得这是个可利用的机会，于是顺水推舟，含含糊糊地应道：“那是应该的应该的”。听吴生这么一说，老板脸色一变，旁边的人事部长说：“你回去等通知吧。”吴生后来打听到，老板根本没有女儿。应聘者，却在这种诱惑前失了“诚恳的念头”，这样的人敢录用吗？

（十）细节决定成败

老子说“天下大事，必作于细”。细节决定成败。山木培训公司总裁宋山木先生回忆起自己一次在北京参加某大型企业家年会，入场处摆放着的欢迎标语有点歪了，但没有人伸手去把它拨正或者说根本没有看见就走过去了，这时走在总裁前面的海尔集团 CEO 张瑞敏走过去，不动声色地把标语扶正了。总裁说，这虽然只是一件小事，但就从这一点，就能知道海尔为什么成功了。“成也细节，败也细节”，你能够躲过一头大象的攻击，却往往很难逃得过蚊子的叮咬。成功往往就在于坚持不懈，把每一个细节处理好。山木的纳米管理法则的精髓也正在于“细节”上。“一丝不苟，精益求精”，就是山木纳米管理执行的八字方针。如果每个人在工作中生活中都能从每一点看似不起眼的小事做起，把细节做好，一定能成为出类拔萃的优秀人才。

（十一）气球的启示

一位妈妈问自己的女儿：“气球能不能飞上天，是因为它的颜色，还是因为它肚子里的东西。”女儿说：“是因为肚子里的东西。”

“这就对了。”妈妈很认真地对她说：“一个人长得好不好看并不是最重要的，关键是看他有没有学问，修养如何。”

如今，二十多年过去了，当年那个落选群众演员的小女孩如今已长成一米七几的大姑娘，聪明而能干。不少人都跟她的妈妈说：“嘿，你真幸运，有一个这么优秀的女儿。”

连上幼儿园的小朋友都知道，气球能不能飞上天，是因为它肚子里的东西，不是因为它的颜色，也不因为它的形状。只要装的是氢气，气球是红的、黄的、绿的、蓝的甚至黑的、白的都不重要，圆的、长的、扁的甚至是动物形状的也没关系。但我们发现，现实生活中却有不少人，不少单位忘记了这个简单的道理。

（十二）荷叶满池塘

村子里有一个清澈的池塘，池塘里的水是村里人用水的唯一来源。

池塘里的角落，最初散落了一两片荷叶，荷叶的数目每天以一倍的速度增加，只要三十天，整个池塘就会布满荷叶。可是就在第二十八天的时候，根本没有人去理会池塘里的变化，一直到了二十九天，村里的人才注意到了池塘的一半突然长满了荷叶，而开始关心起来，但是这时候已经无能为力了。

次日，大家所害怕的最坏情形出现了，整个池塘布满了荷叶。

（十三）鹬蚌相争，渔翁得利

一个阳光灿烂的日子，一只大河蚌把壳张开，伸了个懒腰，舒舒服服地晒起太阳来。一只鹬（一种水鸟）看见了，飞过来啄河蚌的肉，河蚌把壳一夹，紧紧地夹住了鹬的嘴。鹬甩来甩去，怎么也甩不掉河蚌。

“今天不下雨，明天不下雨，渴死你！”鹬被夹住了嘴，说起话来含糊不清。

河蚌也对鹬说：“今天不放你，明天不放你，饿死你！”

它们两个你瞪我，我瞪你，谁也不肯认输，结果一位老渔夫过来把它们都抓住了。

（十四）死马的用处

有个国王，出一千两黄金的高价购买千里马，三年都没有买到。他手下的一个小官员说：“请让我来试试吧。”

国王让他带上金子，出去找千里马。他找了三个月，终于在草原里找到一匹千里马，可惜马已经死了。但他还是花五百两黄金买下千里马，运回宫里。国王听说他买回一匹死马，非常生气，说：“我要的是活马，你买匹死马怎么骑？白白浪费我五百两黄金！”

小官员说：“连死马都舍得花五百两黄金来买，何况活马？现在天下人都知道您是真心实意买马了，好马很快就会送上门来了。”

果然，不到一年时间，送上门来的千里马就有三匹。

（十五）寻求反馈、纠正错误

泰坦尼克号初次航行，也许你还记得，在那个灾难性的夜晚，从其他船上发出了五次关于冰山的清晰警报。在船撞上冰山之前，这些警报都报告给了“不会沉没”的泰坦尼克号的船长。最后一次警报也没有引起重视，泰坦尼克号竟这样发出信号：“别来烦我们。你们凭什么来指示我们?”其文字基本如此。

接下来的事情你都知道了。多么骄傲的一个船长，他随着轮船一同沉入大海。因为他拒绝听取客观的反馈，纠正方向性错误。无法回避的结果是泰坦尼克号这个庞然大物的灾难性毁灭。

（十六）经验的错觉

法国科学家法伯曾做过一个著名的毛毛虫试验。他把若干毛毛虫放在一个花盆的边缘上，首尾相连，围成一圈，并在花盆周围不到6英寸的地方撒了一些毛毛虫最爱吃的松针。毛毛虫开始一个跟着一个，绕着花盆一圈又一圈地走，一小时过去了，一天过去了，又一天过去了，毛毛虫们还是不停地围绕花盆在转圈，一连走了七天七夜，它们终于因为饥饿精疲力竭而死去。

毛毛虫的悲剧在于盲从。其实，只要有一只毛毛虫能越雷池一步，打破固有的习惯及跟随的习性，就会逃脱死亡的陷阱。我们人，何尝不是如此。

另一位科学家的实验是在海洋馆里。他用玻璃板把一条具有攻击性的大鲨鱼和一条小鱼隔开。刚开始，这条大鲨鱼不断撞击玻璃板，企图捕食隔壁的小鱼。无奈，玻璃隔板太坚硬，无论怎么发威，玻璃隔板丝毫未损。攻击了一段时间之后，它便放弃了。于时，科学家便把隔板悄悄地移开。意想不到的是，大鲨鱼再也没有攻击过小鱼。它们都温和地在各自的领域活动，互不侵犯。

（十七）韦尔奇的“深潜”管理

在韦尔奇的坚持下，“古老”的通用电气侵入传媒业，以大手笔收购了CNBC电视台。然而他的CNBC突然有对手了！CNN的一名牌财经主持人即将复出，而他的出现将对CNBC的《商务中心》栏目构成极大威胁。于是，紧张的《商务中心》主持人立即给韦尔奇打电话，恳求他发一个电子邮件来鼓舞大家的士气，以利迎战。

而一直非常喜欢这个栏目的韦尔奇说："我不发电子邮件。我为什么不能亲自与你们的团队在一起呢?"于是，韦尔奇与节目组一边喝可乐，一边吃饼干，争论着各种应对方案——整整一个星期！当他离开时，他当即再额外拨出200万美元用于节目的宣传。同时，他亲自给电视台总裁打电话，希望他在其他栏目中加强对《商务中心》的支援，其后他又使主管体育节目的总裁同意在NBA总决赛中播出《商务中心》的广告。结果使得整个电视台都参与到这个栏目的运作中来。结果呢？在与CNN交锋的第二个星期，《商务中心》大获全胜!

（十八）施振荣卖鸭蛋的追求

像许多领袖人物一样，宏基集团董事长施振荣的少年时代充满坎坷。父亲在他3岁时就因病去世，留下他和母亲相依为命。为了谋生，母亲卖过鸭蛋、织过毛衣，甚至还摆起槟榔摊。施振荣成功后，不止一次提到他童年时卖鸭蛋的经验。

他曾经帮母亲在店里同时卖鸭蛋和文具。鸭蛋3元1斤，只能赚3角，差不多是10%的利润，而且容易变质，没有及时卖出就会坏掉，造成经济上的损失。相比之下，文具的利润高，做10元的生意至少可以赚4元，利润超过40%，而且摆着不会坏。看起来卖文具比卖鸭蛋上算得多。但在施振荣的讲述中，卖鸭蛋远比卖文具赚得多。

鸭蛋利润薄，但最多两天就周转一次；文具利润高，有时半年一年都卖不掉，不但积压成本，利润也早被利息吃光了。鸭蛋利薄，但是多销，所以利润远远大于周转慢的文具。施振荣后来将卖鸭蛋的经验运用到宏基，建立了"薄利多销模式"，即产品售价定得比同行低，虽然利润低，但客户量增加，资金周转快，库存少，经营成本大为降低，实际获利大于同行。

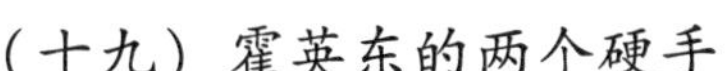

（十九）霍英东的两个硬手

中国香港商人霍英东目前拥有 60 多家公司，是一位亿万富翁。可谁能想到，18 岁时的霍英东还不得不靠做苦力来营生。后来他发现战后中国香港的遗弃物资很多，可转手卖钱，于是他就用小舢舨倒卖破烂。很快，他的小舢舨就换成了小艇，又从小艇换驳船，一步步成为运输业“老大”。

后来，他开始把卖破烂赚的钱投入建筑业。但当时中国香港建筑业已近饱和，于是他想出了一个高招儿，即一层层卖楼花，从而发明了边建边卖的分层出贷法。这大大加快了他的资金周转，一个钱可当几个钱花，还创造了中国香港房地产买卖速度的最高纪录。

到 20 世纪 60 年代，中国香港经济开始起飞，建筑业疯涨，竞争更加激烈，导致沙石奇缺。而霍英东青年时的小舢舨生活使他意识到淘沙是个好营生。但当时人们普遍认为那是费力费钱、收效慢的“吃螃蟹”苦活儿，因而无人问津。但他却认为淘沙就是淘金，于是他趁泰国政变之机，从曼谷政府手中购买到一艘载重 3000 吨的东南亚地区最大挖泥船，再加上原有的 20 艘，使霍英东的供沙能力有了绝对优势，垄断了淘沙业。当时，如何供沙也有两个方案：一是短期高价供沙，获取暴利；二是订长期合同低价出售。霍英东看准了谋长远利益永远比短期暴利办法更好，于是选择了第二个方案。果然，后来房地产的大起大落都没有对他的供沙业造成重大冲击。

（二十）“世界塑料大王”王永庆的竞争战略

台塑集团的董事长王永庆拥有 4 万员工，10 万股东，40 亿美元家产，有此规模在于他是“经营之神”。

王永庆 16 岁就成为一家小米店的老板。到 1957 年，他投资建立了“台塑胶工业公司”。他曾到日本花 120 万美元买下塑胶粉制造技术，但终因无力与日本竞争，事业萧条，股东纷纷退股，这使他断然变卖家产买下台塑全部股权，但产品仍是积压如山。

一天他突发奇想：为什么我不自己创市场？于是他下决心办个塑胶原料转化成塑胶成品，因为台湾塑胶制品市场很大。于是他投资

70 万美元买设备迅速投产，这一设想果然效果很好。他又想：这是什么道理？他悟到：一个企业最好在产业链上为自己建一个“互补式企业”，这样既可以降低成本，又提高质量，获得多方效益，也减少了风险，保证了企业的安全。

本着这个互补思想，王永庆不断扩大自己的经营范围，后来又办了“木业”、“化纤”等相关产业，形成多层次互补、深层次加工、全面规划、统一调配的多元化大企业集团。因为台湾资源缺乏，他又把产业“互补”到了海外，买下美国 14 家工厂，建成世界上最大的轻油裂解厂。

（二十一）没有“常识”的冠军

在《卓越的投资》一书中讲了这样一件“真事”：

澳大利亚的克利夫·扬先生在 61 岁时，参加了从悉尼市到墨尔本市的长跑，全程有 600 多公里。

他跑的时候穿一双高统套鞋，拖着滑稽的小步，人们都以为他是在开玩笑。可就是这位克利夫·扬先生赢得了比赛，并且以领先一天半的成绩击败了所有的对手，成了轰动一时的新闻人物。

克利夫·扬之所以能取得这样的成绩与他的坚定信念有很大的关系。因为多少年来，所有世界级运动员和教练按一种说法行事，即：在这样超长度的赛跑中，必须每跑 18 小时，睡 6 小时，才能最有效运用体力，这已是“常识”。而克利夫·扬来自内陆地区，不知道“得睡觉”，也不知道大家都遵照这一“常识”办事，所以他马不停蹄地跑，从而战胜了世界级长跑运动员。

（二十二）米缸与老鼠

在一个青黄不接的初夏，一只在农家仓库里觅食的老鼠意外掉进了一只盛得半满的米缸里。这飞来的口福使老鼠喜出望外，它先警惕地望了望四周，确定没有危险之后，接着便是一通疯吃猛吃，吃完倒头便睡。

老鼠就这样在米缸里吃了睡，醒了再吃。日子不知不觉在丰衣足食的悠闲中过去了。有时，老鼠也曾为是否要跳出缸去进行过激烈的思想斗争与痛苦的抉择，但终究未能摆脱白花花大米的诱惑。直到有一天它发现米缸见了底，才突然意识到以米缸现在的高度，自己就是想跳出去也没有那个能力了。

（二十三）乞丐打狗的学问

人们都知道，狗可看家，忠于职守，深讨主人喜欢。但是，对乞丐来说，狗则是一大忧患，因为是狗不让他讨到饭。于是，乞丐兜里常放块石头，只要投块石头，狗就会后退，甚至跑掉。可是乞丐不能只讨一家饭，这样兜子里就需要放很多块儿石头，这就使乞丐为难了。另外，乡村的狗成群结伙，而乞丐往往只一个人，势单力孤，只好受皮肉之苦。有一次，在群狗围攻之际，乞丐忽然急中生智，顺手抄起棍子向狗群追杀过去，结果群狗哄然而散。

（二十四）从落破雨衣商到尿布大王

多川博是日本生产雨衣的小厂老板，但雨衣市场已经饱和，谁也不会买几件雨衣换着穿。于是多川博连工人工资也发不出，眼看就要停业倒闭了。

一天，他很随意地翻阅报纸，看到一条消息，马上眼前一亮。这条消息是：日本每年新生儿是250多万。他马上想：婴儿生下来急需什么商品与自己生产雨衣技术相关联？……和雨衣一样，新生婴儿的尿垫是防漏，唯一不同的是吸湿、柔软。

他一计算，每个婴儿总要有5～6个尿垫，250万×5＝1250万个尿垫。现在时代变了，很多婴儿的母亲不愿做也不大会做尿垫，可是要求很高。多川博找了多位相关专家研究设计出柔软、吸湿、美丽、方便的尿垫，然后大规模生产，价格十分便宜，不愁用不起。为了使之成为亲戚朋友的礼品，多川博又专门研究出“礼品尿垫”——颜色鲜艳、包装华丽，一上市就被抢购一空，很受欢迎。再加上这宗买卖，大企业不屑一顾，小企业又隔行，更主要在于谁也没想到生产尿垫，结果多川博一炮打响，成为日本生产100多种尿布的“尿布大王”。

后来，他想到国际市场也一定会需要尿布，于是他的尿布又大量出口，成为“世界尿布大王”。

（二十五）不经意间最露本质

有一次，列宁发现人民委员会一个工作人员的上衣口袋上掉了一颗纽扣。列宁看到了，没有出声，走了过去。碰巧第二天列宁又遇见了这位同志。一看，他上衣口袋上还是没有纽扣。到第三天也还是没有。到了第四天列宁才看到纽扣缝上了。“总算缝上了。”列宁很高兴。

那时是国内粮食特别困难的时候，富农们都把粮食藏起来了。为了保证城市的粮食供应，政府往国内各地派出了粮食征集队。那位人民委员会工作人员，就是列宁想说他掉了纽扣的那一位，也被推举担任一个粮食征集队的队长。

列宁对此犹豫不决。人们对列宁说：“他是个能干的人”、“是个有功之人”、“是个勤勉可靠的人”……列宁想要提纽扣的事，但没有出声。那位工作人员带了粮食征集队出发了。

过了一段时间，列宁接到报告。报告如此这般地说，那位工作人员不胜任工作，他不能保证弄到粮食。不但如此，富农还把粮食征集队收集的粮食给烧了。“可是这本来是可以避免的”，人们向列宁报告说，“他没有预先提防，漫不经心，没有及时把粮食可靠地保护起来。”也有一些人庇护这个粮食征集队的队长：“列宁同志，这是偶然事故。”

列宁听着，他自己则在一张纸上画着什么东西。别人颇感兴趣：列宁在那里画什么？往纸上一看，只见纸上画着一颗纽扣。

第三篇 班 组 沟 通

第一章 沟 通 概 述

不管你是一名普通员工还是班组长，或是更高层的领导，我们每天都与人打交道，与人沟通。家庭关系需要沟通、人际关系需要沟通、工作问题的处理需要沟通。往小处说，好的沟通能力可以帮助你处理好家庭关系，有利于家庭和谐；往大处说，沟通能力可以帮助你事业成功。

因此，沟通能力是我们每个人都需要具备的一种能力。

你会沟通吗？看以下几个小笑话：

小故事1：不得要领

“救火！救火！”电话里传来了紧急而恐慌的呼救声。

“在哪里？”消防队的接线员问。

“在我家！”

“我是说失火的地点在哪里？”

“在厨房！”

“我知道，可是我们该怎样去你家嘛？”

“你们不是有救火车吗？”

小故事2：时差

周同志在房间打了电话问饭店服务台："你能告诉我台北和纽约的时差吗?"

总机："JUST A MINUTE…"

周同志回了一句："THANK YOU"，然后挂断了电话。

小故事3：上司与下属的对话

上司是一个项目的总监，下属是项目经理。

下属：你今天有没有时间?

上司：今天什么时候?

下属：随便。

上司：什么事?

下属：你没有时间就算了。

上司：告诉我，什么事。

下属：讨论一个客户的事，问你去不去。

上司：你需要我去吗?

下属：不知道。

上司：你解决的方案是什么?

下属：我要和你讨论才知道。

上司：讨论什么?

下属：是这样的……

上司：要我去的目的是什么?

下属：你在好一点。

上司：你把我去的目的想清楚，再决定。

下属：好的。

上面这几个小故事告诉我们，在现实中，我们很多人自以为很会沟通，但却是不太会沟通的。

那么，究竟什么是沟通呢?

第一节 沟通的含义和作用

一、沟通的含义

沟通就是信息在人之间的传递和理解。

这里有两层意思，沟通首先是“沟”，也就是交流，第二是“通”。因为沟通的目的是要“通”，如果沟而不通，就是所谓的沟通障碍，这样的话，还不如不沟通。

小故事：

某企业员工小王在外地上班，每两周才回家一次。一天小王下了夜班后坐上班车回家，回到家中已是中午。由于小王上了一夜的班，上午又是旅途奔波，很是困乏，回家后立即睡着了。此时他的太太正忙着给小王做午饭，这时煤气灶出了问题，怎么也打不着火，处理了一会儿还是无济于事。情急中大声喊道：“小王，快来帮我一下，灶台坏了”。“你他妈有病！”一个声音从卧室传了过来。

太太很委屈，心想我在给你做饭，你平时不在家，我既要上班，还要照顾孩子，又要经常去照看你父母，让你帮我一下你就开口大骂，简直不通人情！

小王也很窝火，心想我在外地辛辛苦苦挣钱不就是为了家么，我都困的不行了，刚睡一会儿你就喊我，一点也不知道心疼人！

从这个例子我们看到，小王和他太太进行的沟通是一个无效沟通，这样的沟通引起的是冲突。所以我们在明白了沟通的含义后，要做到“沟而能通”，这才是沟通的要义。

沟通有如下三个最基本的特点：

（1）沟通，首先是信息的传递，如果信息没有被传递到接受者那里，信息沟通就没有发生。

（2）成功的沟通，不仅需要信息被传递，而且还要被理解。

（3）信息沟通的主体是人。

人类社会的一切活动，都是信息制造、传递、收集的过程，因而沟通是无时无刻不在进行着的事情；一切人为的矛盾和纠纷，都是因为存在着沟通障碍，导致了个人、组织，甚至民族、国家之间发生了各种各样的矛盾冲突。

企业管理也是如此，所以杰克·韦尔奇强调，管理的秘诀是：沟通、沟通、再沟通。

所以，一个班组长一定要学会沟通，才能够把班组管理工作做得更好。

在理解沟通的概念时，还要注意理解以下三点：

第一，人际沟通是沟通中最重要的一种沟通；

第二，人际沟通主要是通过语言或文字形式进行的；

第三，在人际沟通中，不光是信息的交流，中间还夹杂了情感、思想、态度的交流，所以，沟通双方的心理、态度、知识及价值观都对沟通结果有重要影响。沟通的内容一般而言，无非就是思想、信息和情感的交流。

二、沟通能力的重要性

众所周知，沟通很重要，那么重要到什么程度呢？

第一，从个人层面看，沟通能力决定命运。两个人，在其他条件都相同的情况下，沟通能力强的那个人成功的概率就要大得多。人是存在命运的，而最终的命运是掌握在自己手里的，比如沟通意识建立和沟通能力的培养就是改变命运的重要方面。这不仅是实现个人价值的需要，也是我们做好团队工作必须具备的一项基本能力。善于协调和沟通是现代管理者成功的重要标志之一，而且越高层的领导花在沟通上的时间越长。

第二，从管理层面看，沟通是化解矛盾、解决问题，提高工作效率的有效手段。尤其是作为各级领导，每天都要与人打交道，而打交道就需要沟通，沟通的好坏决定着工作的效率、团队的士气。可以说“一句话兴邦，一句话误国”。沟通是企业管理中解决一切矛盾和纠纷的重要途径。

第三，人际关系层面，沟通是人际关系的润滑剂。好的人际关系需要好的沟通，学会一些沟通方式、方法，可以有效提高我们处理人际关系的效果，改善我们的人际关系，从而可以在一个好的人际氛围中去工作。

第四，从领导层面看，沟通是教会下属如何工作的重要手段。任何一个领导都需要把意图传达给下级，正确有效的沟通可以高效地把意图传达给下属；正确有效的沟通，可以高效地把正确的方法传授给下属。

三、沟通的四大作用

（1）提高管理效能；
（2）了解人员情况；
（3）有助于员工参与管理；
（4）有利于上、下级管理人员和员工之间的理解。

四、影响信息沟通的因素

（一）信息发送者与信息接受者的技能、态度、知识和价值观

信息发送者的技能、态度、知识和价值观，对发送出去的信息的质量有直接的影响。大多数学生都有一种经验，即有的老师讲课旁征博引、生动活泼，学生听完后既学到了知识，精神也感到很愉快；而有的老师讲课枯燥乏味，学生听着很累，而且糊里糊涂。在老师和学生之间的信息沟通中，前者的沟通效果明显好于后者，这显然是由于作为信息发送者的老师的讲课技能不同所致。个体的态度也影响着其行为。信息发送者对某一事物的认识和态度，也会影响沟通效果。此外，沟通过程还受到人们在一些问题上所掌握知识的制约。信息接受者的技能、态度、知识和价值观等因素同样也影响着接受者接受信息的能力。要使沟通顺利进行，接受者要善听、善读、善观。此外，一个人掌握知识的多少，在一定程度上影响着他听、读、观的能力，从而也影响着他接受信息的能力。另外，接受者的态度和价值观也影响他接受信息的能力。

比如：有些人在沟通中的不良的口头禅、过多的专业术语、威胁的语句、易受干扰的环境、忽视了确认不了解的信息、只听自己想听的、过度自我为中心、不信任对方、被第一印象及身份地位左右等等，都会影响信息的沟通。

（二）沟通通道的选择

沟通通道是指由信息源选择和确立的传送信息的媒介物，即信息传播者传递信息的途径。信息源必须确定何种渠道是正式的，何种渠道是非正式的。一般地，正式渠道由组织建立，它传递那些与工作相关的活动信息，并遵循着组织中的权力网络；另一种信息形式在组织中是通过非正式渠道来传递的。

沟通渠道的选择对于沟通的成功有着重要的作用，比如，有些时候就需要选择正式的渠道进行沟通，有些时候就需要选择非正式的渠道来沟通。选择错了，就达不到效果。

（三）外部噪声

整个沟通过程都在受着“噪声”的影响。这里所指的“噪声”是指沟通过程中的外界干扰因素，如在口头交流中，有人在一旁高声喧哗；看电视时，突然停了电等一切干扰沟通的因素。“噪声”常常使沟通不能顺利进行，甚至沟通失败。

第二节　沟通的原则

作为有效沟通的保证，以下原则是必须遵守的。

第一，准确性原则，要确保表达的意思准确无误。有些人由于某些原因，在传递信息时不能够确保信息是准确的，常常使信息接受者误解了信息本身的含义。

第二，完整性原则，要确保表达的内容要全面完整，否则接受信息的人就有可能对信息“被”断章取义。

第三，及时性原则，信息是有时效的，很多信息要确保在特定的时间内传达下去才有意义，因此沟通要及时、迅速、快捷，尤其是工作信息的沟通。

第四，策略性原则，好的沟通需要策略，要注意表达的态度、技巧和效果，这就必须考虑沟通的策略，否则只能是事倍功半。

第三节 好的沟通应培养的五点素养

一、修炼心智、提升修养

沟通，在很多时候，与心态有很大的关系。一个人心态好的时候，可以听进去不同意见，别人说他几句不好的话，他也能够听进去。但是如果一个人发火的时候，心态就发生变化了，这时就难听进去不同意见，甚至会变得不讲道理。由此可见，一个人的沟通效果在很大程度上与他的修养和心态关系很大。

那么好的心态来自于哪里呢？好心态，来源于好修养。

《大学》里有一段话：物有本末，事有终始。知所先后，则近道矣。古之欲明明德于天下者，先治其国；欲治其国者，先齐其家；欲齐其家者，先修其身；欲修其身者，先正其心；欲正其心者，先诚其意；欲诚其意者，先致其知；致知在格物。物格而后知至；知至而后意诚；意诚而后心正；心正而后身修；身修而后家齐；家齐而后国治；国治而后天下平。自天子以至于庶人，壹是皆以修身为本。其本乱而末治者否矣。其所厚者薄，而其所薄者厚，未之有也！

这段话很明确地告诉我们，修身是我们做好事情的根本。所谓修身齐家治国平天下。

老子云："知人者智，自知者明，胜人者有力，自胜者强。知足者富，强行者有志。不失其所者久，死而不亡者寿。"也是把"自胜"作为修身的重要方面。

作为现代社会的企业工作人员，每一个班组长，都要把提高自身修养作为一项重要任务，这是我们事业成功的基础。要培养自身的修养，就要树立正确的世界观和人生观。

人生观是指人们对人生的根本态度和看法，包括对人生价值、人生目的和人生意义的基本看法和态度。它是世界观的重要组成部分。

人生观主要回答人为什么活着，人生的意义、价值、目的、理想、信念、追求等问题。人生观的基本内容包括幸福观、苦乐观、荣辱观、生死观、友谊观、道德观、审美观、公私观、恋爱观等等。由于人们所处的社会地位、生活环境和文化素养不同，因而形成了不同的人生观。

不同社会或阶级的人们有着不同的人生观。

在人类历史上曾出现过以下几种有代表性的人生观：

（1）享乐主义人生观。它从人的生物本能出发，将人的生活归结为满足人的生理需要的过程，提出追求感官快乐，最大限度地满足物质生活，享受是人生的唯一目的。

（2）厌世主义人生观。宗教的厌世主义认为，人生是苦难的深渊，充满各种烦恼与痛苦，唯有脱俗灭欲，才能真正解脱。

（3）禁欲主义人生观。它将人的欲望特别是肉体的欲望看作是一切罪恶的根源，主张灭绝人欲，实行苦行主义。

（4）幸福主义人生观。一种观点是强调个人幸福是人生的最高目的和价值；另一种观点是在强调个人幸福的同时，也强调他人幸福和社会公共幸福，认为追求公共幸福是人生的最高目的和价值所在。

（5）乐观主义人生观。它认为社会发展的前途是光明的，人生的目的在于追求社会的文明和进步，在于追求真理，对人生抱着积极乐观的态度。

作为人生观的一部分，就是价值观。

价值观是指一个人对周围的客观事物（包括人、事、物）的意义、重要性的总评价和总看法。像这种对诸事物的看法和评价在心目中的主次、轻重的排列次序，就是价值观体系。价值观和价值观体系是决定人的行为的心理基础。

价值观具有以下特点：

价值观具有相对的稳定性和持久性。在特定的时间、地点、条件下，人们的价值观总是相对稳定和持久的。比如，对某种事物的好坏总有一个看法和评价，在条件不变的情况下这种看法不会改变。但是，随着人们的经济地位的改变，以及人生观和世界观的改变，这种价值观也会随之改变。这就是说价值观也处于发展变化之中。

价值观取决于人生观和世界观。一个人的价值观是从出生开始，在家庭和社会的影响下，逐步形成的。一个人所处的社会生产方式及其所处的经济地位，对其价值观的形成有决定性的影响。当然，报刊、电视和广播等宣传的观点以及父母、老师、朋友和公众名人的观点与行为，对一个人的价值观也有不可忽视的影响。

世界观也称宇宙观，是人们对整个世界的总的看法和根本观点。世界观是人人都有的，是人们在长期的社会实践中逐渐形成的，它也决定着人们的人生观和价值观。在生活实践中，人们为了自己的需要，每时每刻都同周围的事物打交道，力求认识并按照自己的需要改造它们。开始时，接触到的只是个别事物和现象，形成对各种具体事物和现象的看法。随着人们在实践中接触的事物日益增多，眼界日益扩大，就由认识个别事物和现象深入到认识事物一般的或共同的本质，逐渐形成对整个世界的总的看法、根本的观点，即世界观或宇宙观。世界观形成以后，对人们的言行起着指导作用。不过，这些世界观一般是朴素的、零散的、不系统的，缺乏理论论证和严密的逻辑。

作为班组长，要树立正确的世界观，就要学一些哲学、学一些唯物主义。因为，哲学是研究探索物质世界和人类社会发展变化规律的学说。

二、培养有所准备的态度

俗话说，知己知彼百战不殆。意在告诉我们，做任何事情都要有所准备，目的是确保事情的顺利完成。我们一些人常常做计划，可计划执行的时候总会遇到很多问题，其原因就是在做计划前没有充分的调查，也即准备工作没有做好。毛泽东同志曾经说过："调查研究就像十月怀胎，解决问题就像一朝分娩。"说的就是这个意思。

比如，在沟通之前，以下的内容是需要考虑的：

沟通的目的是什么？与谁沟通？对方的可能态度有哪些？对方知晓我要与他沟通吗？选择什么样的时机沟通为好？沟通哪些内容，先说什么、后说什么内容？以什么样的方式进行沟通？在沟通中表达的重点是什么？语气与词句要注意哪些问题？有哪些细节是需要特别注意的？表达的怎样才算清楚，也即对方才能明白或领会？在沟通中遭到回绝怎么办？是一个人去和对方沟通为好，还是几个人一起去为好？等等。

三、养成讲究策略的习惯

毛泽东同志说：“政策和策略是党的生命，各级领导同志务必千万注意，万万不可粗心大意。”可见在我党成长、发展和壮大的历史中，我们党是非常强调策略的作用。

下面通过“触龙说赵太后”的故事来看一下沟通中策略的重要性。

小故事：

触龙说赵太后

赵太后刚刚执政，秦国就加紧进攻赵国。赵太后向齐国求救。齐国说：“一定要用长安君来做人质，援兵才能派出。”赵太后不答应，大臣们极力劝谏。太后明白地告诉身边的近臣：“有再说让长安君去做人质的人，我一定朝他脸上吐唾沫！”

左师触龙希望去见太后。太后气势汹汹地等着他。触龙缓慢地小步快跑，到了太后面前向太后道歉说：“我的脚有毛病，连快跑都不能，很久没来看您了。私下里自己原谅自己。又总担心太后的贵体有什么不舒适，所以想来看望您。”太后说：“我全靠坐车走动。”触龙问：“您每天的饮食该不会减少吧？”太后说：“吃点稀粥罢了。”触龙说：“我现在特别不想吃东西，自己却勉强走走，每天走上三四里，就慢慢地稍微增加点食欲，身上也比较舒适了。”太后说：“我做不到。”太后的怒色稍微消解了些。

左师公说：“我的儿子舒祺，年龄最小，不成才；而我又老了，私下疼爱他，希望能让他替补上黑衣卫士的空额，来保卫王宫。我冒着死罪禀告太后。”太后说：“可以。年龄多大了？”触龙说：“十五岁了。虽然还小，希望趁我还没入土就托付给您。”太后说：“你们男人也疼爱小儿子吗？”触龙说：“比妇女还厉害。”太后笑着说：“妇女更厉害。”触龙回答说：“我私下认为，您疼爱燕后就超过了疼爱长安君。”太后说：“你错了！不像疼爱长安君那样厉害。”左师公说：“父母疼爱子女，就得为他们考虑长远些。您送燕后出嫁的时候，拉着她的脚后跟为她哭泣，这是惦念并伤心她嫁到远方，也够可怜的了。她出嫁以后，您也并不是不想念她，可您祭祀时，一定为她祝告说：‘千万不要被赶回来啊。’难道这不是为她作长远打算，希望她生育子孙，一代一代地做国君吗？”太后说：“是这样。”

左师公说：“从这一辈往上推到三代以前，甚至到赵国建立的时候，赵国君主的子孙被封侯的，他们的子孙还有能继承爵位的吗？”赵太后说：“没有。”触龙说：“不光是赵国，其他诸侯国君的被封侯的子孙的后继人有还在的吗？”赵太后说：“我没听说过。”左师公说：“他们当中祸患来得早的就会降临到自己头上，祸患来得晚的就降临到子孙头上。难道国君的子孙就一定不好吗？这是因为他们地位尊贵而没有功勋，俸禄丰厚而没有功劳，占有的象征国家权力的珍宝太多了啊！现在您把长安君的地位提得很高，又封给他肥沃的土地，给他很多珍宝，而不趁现在这个时机让他为国立功，一旦您去世之后，长安君凭什么在赵国站住脚呢？我觉得您为长安君打算得太短了，因此我认为您疼爱他比不上疼爱燕后。”太后说：“好吧，任凭您指派他吧。”

因此就替长安君准备了一百辆车子，送他到齐国去做人质，齐国的救兵才出动。

四、学会有效倾听

在沟通中，倾听本身就是沟通。有的人在沟通中自觉或不自觉的“抢话”，这样既会打乱别人的发言，同时也不能够充分理解对方的想法，还是对对方的不尊重。尊重对方，让对方知无不言、言无不尽，理解对方的想法，是沟通的一项准则。为了学会倾听，你不妨在沟通时故意停止说话，做一些停顿，以让对方有说话的机会；在沟通中要尽量创造一种轻松的氛围，使得对方敢于说话，使得对方感到你乐意听他说话。在倾听对方说话的时候，要做适当的回应，意在告诉对方你专心倾听。也可以就对方的说话提出一些问题，使得你与说话者一齐融入他的话中。切记，不要在沟通时东张西望、心不在焉，否则对方会认为你对他说的话不在意。

五、学会察言观色

中国的沟通有一个特点，那就是在很多时候人们不太愿意直截了当地说实话。有人做过统计，在日常沟通中，大约75%的信息传播是由视觉来领悟的，语言只传播约20%的信息。比如，对方脸部表情如眼睛、瞳孔的变化，还有肢体动作的变化、说话语气和语调的变化等都是对方内心发生变化的反映。

因此，在沟通中要注意这些变化，尤其是发现对方的一些变化可能会对沟通不利时，要赶紧采取办法，如果发生了沟通冲突，最好办法是“走为上计”。

第二章

沟通中语言表达能力的培养

能力是可以通过特定的训练来提高的，语言表达能力也是可以通过自身的训练来提高的。对于团队中的成员而言，尤其是团队的领导来说，好的口才，对于信息交流、情感沟通、人际关系发挥有着举足轻重的作用。翟鸿燊教授说过“有口才的人一定是人才”。在班组沟通中，班组长等基层领导者应该十分重视提高自己的语言表达能力，从而提高自己的管理能力。

引例：

1. 某企业开会，主席台上放置了有就座人员名字的桌牌，参会的领导陆续进入会场坐到自己的位置上，这时有人发现一个桌牌上的名字放颠倒了，于是就提醒那位领导，那位领导把桌牌转过来一看，果真是把名字给倒了过来。这时下面一片唏嘘声，那位领导也面露不悦。但随即那位领导哈哈一笑，对大家说：“我到（倒）了啊，各位可以作证”。于是，大家也是一片欢声。一个可能发生的不愉快顿时被化解了。

2. 某青年女工由于技术和能力较强，才 24 岁就被任命为有 30 多名员工的某作业区作业长。这个作业区员工的平均年龄有 40 岁，很多老员工对她不服气，心想这个小毛丫头也能管理我们？为了做好班组工作，该作业长放下身架，首先与作业区的老员工一一沟通，寻求支持，再从班组的几个骨干入手，交心交朋友。由于该作业长技术过硬，为人谦虚，又善于沟通，不到半年的时间就赢得了作业区员工的信赖和支持。

第一节 领导的语言表达能力不是小事

领导讲话水平，不仅对活动的顺利开展和目标的顺利实现产生重要影响，而且对树立领导者个人形象也至关重要。

孔子说：“一言可以兴邦、一言而丧邦”。诸葛亮“一席话将天下三分”，奠定了蜀汉的基业。但凡有水平的领导者在沟通中都能够表现出大局观。古人云：“口乃心之门户”，一个人的思想装在脑袋里，只有与别人交流才会表现出来，它可以反映出一个人的思想境界和水平。

有一个传说的笑话，据说在20世纪30、40年代，山东军阀韩复榘在齐鲁大学演讲时说“今天来的人真不少，看样子大体有五分之八啦！你们都是各国留学生，会六七国英语”。引得满堂哄笑。由此我们发现这个韩复榘真是个不学无术的庸才。

一个好的领导所展现出来的首先是他的表达能力。据说某企业的一个老总面对很多人说话时就前言不搭后语，结果他只能一个人一个人地去布置工作，而且常常出错。无奈他后来干脆不自己布置工作了，而是让他的秘书去替他布置工作。这也许是个玩笑，但也说明表达能力太差很多时候会严重影响工作。

例子：

汉初，刘邦宴请群臣，说：“你们说实话，我为何能做皇帝，而项羽不能？”群臣说：“您东征西杀，为了老百姓；项羽杀功臣，能不失天下？”刘邦听后说：“运筹帷幄我不如子房，镇国家、抚百姓、给粮饷，我不如萧何，百战百胜我不如韩信，此三者，皆人杰也，能用之，此吾所以取天下也……”。

该例子较好地说明了一个好的领导者首先是一个能够与不同下属良好沟通的高手。

第二节　衡量领导语言表达能力高低的标准

领导讲话与一般人的语言交流既有共同之处又有其自身的标准；不仅要有技巧，还要懂得领导讲话的基本要求和准则。

一、权威性标准，让人能跟随你的旗帜

（1）体现在领导意志上。要保证组织活动的协调与统一，就要使所有人的意志服从于一个人的意志。这就是统一思想、统一指挥。

（2）贯穿在领导活动中。计划、组织、实施、监控等活动的全过程，无不贯穿着领导者讲话的权威性。

（3）融合于原则政策里。领导讲话要有限度、尺度、原则。

二、通俗性标准，让员工理解你的意思

（1）讲话要讲明白话。所谓明白话，就是讲起来顺口，听起来顺耳，意思容易懂，道理好明白。毛泽东在解释什么是矛盾同一性时说："为什么鸡蛋能转化为鸡子。而石头不能变成鸡子呢？就是因为矛盾的同一性要在一定的必要条件下。"

（2）讲话要讲大众话。它包括俗语、谚语、歇后语等。毛泽东说过："一个好汉三个帮，一个篱笆三个桩。看菜吃饭，量体裁衣。荷花虽好，也要绿叶扶持。"

（3）讲话要讲大实话，不要打官腔，用大话压人，用虚话蒙蔽人。

三、概括性标准，让人理解你讲话的精髓

（1）概括是人们进行抽象思维的一种基本能力，要达到简单、明确、精辟。

（2）归纳概括。一宣传部长对所存在问题做如下概括："在部分记者中出现了四多四少：跑沿海的多，跑内地的少；跑会议的多，跑基层的少；跑富单位的多，跑穷单位的少；跑城市的多，跑农村的少"。

四、逻辑性标准，让人接受你的理念

（1）领导讲话，逻辑一定要严密，有条理。

（2）中心明确。某领导强调学习重要性时说：“领导干部要切实加强对社会科学、哲学、政治经济学、历史及社会主义市场经济知识的学习。”这句话就犯了逻辑错误，因为政治经济学、哲学、历史都包括在社会科学内。

（3）不能随意转移讲话主题。一篇讲话要有一个确定的思想，不准另外有中心，也不准随意转移中心。

（4）前后一致。不允许两个前后矛盾或对立的观点在一篇讲话中存在。如：“我基本上完全同意他的意见。”基本、完全是不同逻辑意义上的词语。“如果大搞卫生，我们的健康与疾病就有了保障。”健康、疾病两词含义相反。

（5）有理有据。判断是非真假要有明确的观点与充足的理由。无内容、无事例、无观点、无新意的讲话纵然有华丽辞藻也会让人感到苍白无力。

第三节　常用的几种语言表达艺术

一、即席发言艺术

即席发言，也称即兴发言，即时发言，即事发言，是指在一定场合，在没有充分准备，没有现成稿子的情况下，由他人提议或自认为有必要当众临场发表的讲话。善于即席讲话，是中层领导的一项基本功。

在即席发言中，一般只讲一个主题，做到简明扼要。讲话的主题要与会议的主题一致，切忌不着边际发言。另外选择好切入的角度，比如在谈工作中的问题时，有人先从天气说起，再说问题，轻松自然大家乐于接受。还有要注意发言的内容最好是自己很熟悉的内容，也是大家感兴趣的内容，否则就会自弹自唱，引起听众的不悦。

在即席发言中，要在最短时间内打一个腹稿，在紧扣主题的前提

下只讲一两个要点，比如，一是……，二是……等，给人以很强的条理性。例如在谈论本年度工作时，说几点，一是主要成绩，二是今后努力的方向，三是感谢大家的支持。

在即席发言中，切忌用过多的专业术语，那样会让人觉得你有炫耀的意味。语言尽可能通俗易懂，简洁明了。

二、工作报告艺术

作报告是领导者通过论述政治、经济、文化等多方面内容对公众产生导向、启示、动员等作用的讲话。领导报告种类有：政治报告、工作报告、动员报告、辅导报告、述职报告等。

（一）登场开头艺术

开头给人的印象是最深刻的，有时甚至超过讲话的主体。具体见表3-2-1。

表3-2-1　登场开头艺术

开头的艺术	事　例
开门见山，揭示题旨	这次座谈会，重点谈经济工作，我对当前和今后经济工作中的若干问题讲几点意见
提出问题，引导思考	现在有一种风气，就是民主作风不够。我们本来要求解放思想，敢想敢说敢做，现在却有好多人不敢想不敢说不敢做……
概括总结，引入主题	这次会议开得很好，很成功，在企业发展历史上有重要意义……
紧扣会议，交代任务	这次会议是在我国建设社会主义市场经济体制关键时期召开的一次重要会议。这次会议的主要任务是……

（二）导入主体艺术

导入主体：

（1）主体是讲话的主要部分，看一篇讲话有没有分量主要看这部分。

（2）内容充实，分析透彻，论据充分。论证有力，事实胜于雄辩。如果论据不充分，论点就站不住脚。

（3）要言不繁，精确概括。十五大报告全文共三万字，可谓鸿篇巨著，却句句精彩。概括包括：纵向概括、横向概括、理论概括。

（4）层次分明，条理清楚。设立小标题、序码，还可用一是、二是、三是。

（5）逻辑严密，言之有序。

（三）结束收尾艺术

结尾（结束语）与开头一样重要。好的结尾让人回味无穷，引人深思，催人奋进。结尾一般是提出希望、要求。语言要求精悍有力、充满激情。内容要求一是综合归纳全篇讲话内容，二是鼓动性号召。

三、说服艺术

“说服”工作，是领导工作的重要组成部分，掌握并精通“说服人”的学问，是对领导者的基本要求。

（一）说服前的准备工作

在工作过程中，时常发生因各种矛盾引起的争执。公说公有理，婆说婆有理。要说服别人，必须先透彻了解别人的意见，知己知彼，百战百胜。

（1）说服要先了解对方性格。不同性格的人，对接受他人意见的方式和敏感程度不一样。掌握对方性格，就可按他的性格特征有针对性地做工作。如对性格暴烈的张飞，诸葛亮使用“激将法”，而对自负不让人的关羽，则使用非他莫属的“推崇法”。

（2）说服要先了解对方长处。一个人的长处就是他最熟悉、最了解、最易理解的领域。从对方长处入手，第一，能和他谈到一起去，彼此有共同语言。第二，谈到他所擅长的领域，他最容易理解，最容易被说服。第三，能将他的长处作为说服他的一个有利条件。

（3）说服要先了解对方的兴趣。有人喜欢绘画，有人喜欢体育。

从兴趣入手，打开他的话匣子，再对他进行说服，便较容易达到说服的目的。

（4）说服要先了解对方的想法。一个人坚持一种想法，绝非偶然，必定有他自己的理由，有些苦衷难于言表。如果领导能够真正了解他的苦衷，就能有针对性地加以解决。

（5）说服要先了解对方当时的情绪。谈话前，可能被说服者有其他不顺心的事，使谈话时注意力不集中，或对说服者可能有看法，这些都会影响其情绪。所以，领导者在说服之前，要先了解当时对方的思想动态和情绪，这是一个重要环节。

（二）说服的原则

（1）明确对方的需要和动机的原则。人的需要有五个层次，由低到高，有主有次。当他的主要需要得到满足时，他才会表示满意。

（2）利益在先，道德在后的原则。群众利益无小事。联系个人的利益去讲道理，对方容易接受。

（3）给对方留有选择权利的原则。无论你权力多大，对方都不喜欢你强迫他，这是人的一种保护自身的心理，所以，要给对方选择的权利。

（三）说服的艺术

（1）用高尚的动机激励他。比如说这样做将对国家、企业、他人有何好处，或给自己的家庭、子女带来什么好处。

（2）用热烈的感情感化他。使他内心受到感动，从而改变自己的态度。

（3）用间接方式促使他转变。如把指责变为关怀，用形象的比喻加以规劝，以谈别人或自己的错误来启发他，用建议的方式提出问题等。

（4）提高对方的期望心理。如说服者威望高、可信赖，说服效果就好。所以，平时领导要与下属多交朋友，建立感情，工作中就能变被动为主动。

研讨与实践

1. 回忆自己工作中遇到的案例，通过对成功、失败两次讲话的对比，找出存在问题及主要原因。

2. 用所学知识写一篇中层干部针对某一群体、某一事件的讲话稿件。

3. 你部门员工因劳动合同纠纷要上访，你如何通过谈话做通大家的工作。

第三章 层级沟通

我们的工作在很大程度上是与人打交道，如果我们不了解与人打交道的特点，就如同搞电器的不知道电的物理原理，搞机械的不知道机械原理一样。庖丁解牛，不了解牛的结构，是不会解牛的。处理好人际关系，工作才能干得更好。

戴尔·卡耐基说：一个人的成功，百分之十五是由于专业技术，另外的百分之八十五要靠人际关系与处世技巧。

在我们生活的现实中，我们不可避免地要与不同层级的人打交道，然而，沟通又是有层次的，就如我们在沟通中与不同的人打交道要有不同的策略一样，对于不同层次的人，我们在沟通时，也有一些需要注意的特定事项。

在中国社会，层级是客观存在，等级观念也是事实，你不可能回避它，否则在沟通中你就会遇到障碍。一般来说，层级关系有以下几种。第一是上下级关系；第二是隶属关系，组织系统中必然会有隶属关系；第三是职能关系；第四是依存关系，在一个系统中大家平等相待，相互依存。

层级不同，一定会存在差异，包括上下级的差异性、权位差异、素质差异、职责差异、角色差异。

那么，在不同层级的沟通中要注意什么呢？一般来说就是要：注意协调、互尊互重、互谅互让、互来互往。

第一节　了解层级沟通

层级沟通是特指在工作中的不同层面人员之间的交往沟通，由于工作中客观存在着层级关系，并因此产生一系列的意识和情感性评价与判断，这种关系必然会产生于人与人之间不同的位置关系、不同的权力地位关系，由此就会影响人们在沟通中的态度、方式，最终决定着沟通的效果。

小故事：

小王是一家企业的推销员，他了解到一家大公司所从事的管理工作需要他们的产品，并且他听说这家公司负责人是自己原来的一个朋友。于是他就带上自己的特色产品，想到这个单位去做一个产品宣传。

于是他兴冲冲地来到这家公司，刚进大门就看见他那位老朋友在与几个人说话，于是毫不客气地走上前去拍着那位老同学的肩膀说："嘿，是你小子啊，我来找你做生意啊"。顿时，那位老朋友脸涨红了起来，但又不便发作，于是不怎么客气地说："你到那边等我，一会儿再说。"

原来他那位老朋友是这家公司的老总，此时正在与几位重要的客户谈生意，小王的一通"打搅"使得这位老总很没面子。

在那位老总送走客人后，小王赶紧上来找这位老总说明销售产品的意图，没想到老总一副官腔地说："销售的问题你去找采购部门，这个事情我是不可以插手的。"于是小王只能怏怏不乐地离开了。

这个故事给了我们哪些启示呢？

工作沟通中的层级关系管理是指人们运用符合人们心理需求的态度去解决交往过程中产生的意识情感的一系列活动。企业的中层领导处理不好与上级的关系没人用你，处理不好与下级的关系没人服你，处理不好与同级的关系没人帮你。因此，作为企业的每一级负责人都要学习一些层级沟通的知识和方法。

第二节 如何进行层级沟通

一、如何与上级领导相处

上级领导是我们工作中的领导者和指挥者，尤其在现代化大工业生产过程中，领导就如同战场上的指挥官。

与上级沟通的基本原则是：

坚决服从指挥、严格遵守规程、认清自我角色、凡事以大局为重，做到非例行工作事先沟通，养成事后汇报的习惯，正确领会上级意图，努力工作但要谦虚谨慎。

与上级沟通的基本注意点是：

注重第一印象；注意沟通机会和场合；注意谈话的语言技巧；保持平衡空间的等距性；合理保持距离。

与上级的沟通很重要，因为我们的工作离不开上级的支持，我们也需要赢得上级的信任，因此首先要了解上级：他的工作目标、他的压力、他的长处和弱点以及他的风格，同时清楚自己的需要、目的、长处、弱点和自己的风格。在此基础上，建立一种符合双方需要、与双方风格相吻合的关系。

在与上级沟通中，恰当的技巧是需要的，主要有以下几点：

(1) 不能挑战上级的权威和能力。上级承担责任的一个最主要的支柱是他的领导权，如果这个权力被弱化了，任何工作都难以实现，因此，上级首先考虑的是自己的权力不能被挑战。对于下级来讲，不要在上级使用权威、显示能力的时候，给上级出难题。如在上级布置工作或做指示时，公开拒绝接受上级的要求或指示，或有意地出难题。

这实际上是挑战上级的权威和能力。如有不同意见应在私下交流，同时要注意换位思考，多从上级的角度来考虑问题。

(2) 了解上级的压力。上级的特点是：位高权重；责任大、风险大；照顾的面多，时间紧，头绪多，因此，压力也大。中层领导要主动为上级分担压力，不要为个人或小集体的利益和上级讨价还价，更不要为一些小事去打扰上级，汇报工作要事先做好充分的准备，分清主次，掌握时间，选好时机。

(3) 尊重上级的习惯。每个上级都有自己的工作习惯，中层领导不要试图改变上级的习惯，而要努力调整自己去适应上级的习惯。如有的上级属于“读者型”，有的属于“听者型”。所谓“读者型”就是喜欢看文字材料，向这类上级汇报工作，最好写出书面报告。所谓“听者型”就是喜欢听口头汇报，向这类上级汇报工作，要用最简单明了的语言去当面阐述。总之，要根据上级的习惯来改变自己，适应上级。

（4）多与上级沟通。中层领导要主动了解上级的工作思路、工作作风，同时，要创造机会让上级熟悉自己、了解自己，消除一些理解上的误会。对上级的错误不要当众纠正。要私下指出，不要到处传播，而要尽量缩小影响。拒绝上级要耐心地阐述理由，并提出合理化建议。

（5）取得上级的信任。取得上级信任，首先，要能为上级分忧，主动承担工作，出色地完成任务，让上级相信你是一个有能力的人。其次，要能为上级分担责任，学会推功揽过。

有了成绩应归功于上级领导有方，有了错误应首先检查自己，主动承担责任。而不能功劳是自己的，责任是领导的。

案例：

台湾甲骨文 CEO 李绍唐看事情的角度非常积极乐观，即使别人有错误，他也从不动怒，总是能冷静理性地解决问题。有一回，李绍唐的一位上司从国外到台北来接洽业务。人刚出机场，看不到接应的车子，立刻拨了手机，口气似乎有点不耐烦："David，你到底在哪里？为什么连一个人影都看不到！"李绍唐没有任何不悦，反而耐心地好言安抚："我已经到了。您先看看您站的位置是不是出租车的停靠点？我这是私家车，不能在那里停留，你不要急，我马上绕过来……"这位上司知道自己失言，一上车立刻向李绍唐道歉。李绍唐回答说："没关系，你刚刚下飞机，难免心急。"台湾甲骨文历任 CEO 当中，李绍唐与这位上司相处最融洽，他对李绍唐也不遗余力地提拔。遇到挫折时，这种自信积极的态度常让李绍唐赢得最后的成功。有一次，亚太区总部不赞成他的一项提议，他并没有退让，列出十大理由，态度委婉诚恳地继续据理力争。亚太区总裁最后同意了他的做法："OK，David，我认为你是对的。"

思考：

1. 为什么李绍唐多次指出上级的失误，却没有使上司感到不满？

2. 李绍唐凭借什么赢得了上司的信任?

二、如何与下级相处

下行沟通指的是与下属的沟通。

这里作为班组长或领导，首先要注意自身的语言，不能信口开河，同时要注意沟通的技巧。

（一）领导自身在语言上的注意事项

（1）四要。领导在与下属沟通时，一般说来要做到四要，即：说话要得体、要有分寸、要贴近实际、要表现出对下属的关爱。

（2）三不谈。三不谈指的是：不论长短、不发牢骚、不言低俗。

古人说的好：“闲谈勿论人非，静坐当思已过”。也就是我们自己在与下属沟通时切忌不要说哪个领导的不好、说同事的不好，或者下属的不好。有的领导常常在下属面前说别的下属不好，这样的领导本身就有问题。

牢骚人人皆有，但要注意发牢骚的场合，各级领导在与下属沟通时切忌发牢骚。因为牢骚传递给下属的是消极的、负面的情绪，会影响下属的积极性。再说，你上级可以发牢骚，那下属的牢骚可能比上司还多。这种氛围一旦形成，就有可能造成人人皆牢骚的局面，造成消极怠工局面。

口乃心之门户，一个人整天说什么最多，那说明他心里在想与此相关的事情。一个领导如果整天开口闭口都是低俗的语言，至少说明这个领导品味太低、境界不高。

（二）领导在与下属沟通时的几点注意事项

（1）认可不同类型的人。下级有各种各样的类型，中层领导不能以自己的主观意志认为下级应该，怎么做，而去改变他们的做事习惯，改变他们的做人原则。只要这些习惯和原则不影响工作，不影响任务的完成，就应该认可他们的不同。

通常谁都愿意与自己投缘的人打交道，选择那些自己能够认可的人，自己喜欢的人，符合自己习惯的人。但就工作实际情况而言，一个部门的职员并不能完全由中层领导凭自己的喜好来选择，为了工作也不可能选择同类型、同一习惯的人，中层领导应该认可不同类型的人，针对不同类型的人采取不同的工作方法。

（2）不要使用权力来获取威信。中层领导不要使用权力来获取威信，缺少自信的领导才会事事用权，本来可以商量的事情，可以让下级自己去决定的事情，也要用权力来解决，这样的结果只会使自己丧失威信。

中层领导的威信是靠自己的人品、知识、能力，靠与下级思想共鸣区的扩大和感情沟通网的紧密，使自己像磁石一样，把下级吸附在自己周围，心服口服地接受自己的意见和指挥。威信与中层领导和下级的“水平距”成正比，与“感情距”成反比。中层领导要提高自己的威信，必须在“水平”上拉大与下级的距离，品德高尚，知识面广，才能出众。在“感情”上缩小与下级的距离，注意感情价值，增强感情上的融洽度。只有使“水平距”和“感情距”处于最佳位置，才能提高自己的威信。

（3）多沟通，多了解真实情况。下级能不能和中层领导交流真实的情况，真实的想法，提出可行的建议，在于中层领导能不能与下级经常沟通，建立良好的相互信任关系。有人讲，领导具有的权威可以让下属每天都不迟到，但是领导具有的权威却不能让下级每天都给你拿出一个好主意。在掌握信息方面也同样存在这样的问题，下级可以反映他看到的、知道的真实情况，但是他掌握的原因，分析的结果不一定愿意告诉你，能和下级建立起一种默契，有一个真心的交流，将有助于你掌握真实情况。

（4）学会批评。工作中对于下级的错误必须给予纠正，但是批评要讲究方法，下面是使批评成功的五个技巧：

在批评别人时要注意：

1）不要忽略下级的接受方式，这要根据下属的个性来选择。

2）先表扬，后批评，亲切、赞美的话语，能制造友好的气氛，使对方更容易接受批评。

3）对事不对人，不要伤害下级的人格。

4）指出对方错误的同时，应该提出正确的建议或意见。

5）不要反复批评，一个错误只批评一次，不要纠缠不休。

案例：

如何驾驭恃才傲物的下属？

自从李小明接受了A公司业务部门经理的职位后，有一件事情就一直让他头痛。尽管适应新环境，赢得上司和大部分下属的信任以及良好的工作表现都已不是问题，可手下一名业务尖子张强简直是个大麻烦。

张强头脑灵活、办事麻利，业绩在部门内更是出类拔萃，李小明本想提拔重用，但很快他就发现张强恃才傲物，目空一切，动不动就得理不饶人，对同事们言辞犀利，恶语相加。前些天仅仅因为业务洽谈中的一句话，张强就将部门内德高望重的刘姐好一顿数落。而刘姐还是唯一一个与张强勉强可以相处的人，尤其当其他同事向她发泄对张强的不满时，刘姐总是尽量劝解，为张强说些好话。今天，因为一点儿工作上的事，张强竟然当着李小明的面，向李小明的行政助理发难，把他也不放在眼里。前些天，其他部门的人告诉李小明，张强的脾气众人皆知，要不是他业绩突出恐怕早就劝退了，还暗示李小明的前任离职似乎就与张强有关。李小明决定找张强好好谈谈，结果出乎意料，张强满口答应今后要注意团结，可没有过几天，却依然我行我素。

思考：

1. 如果在你的下属中有张强这类人，你会怎么办？
2. 李小明所做的分析和采取的措施对你有什么启发？

三、如何与同级或有关的人沟通

在工作中，除了与上级、下属沟通之外，我们不免还要与其他同级的人打交道，还要与各个部门的人员打交道。因此做好与这些人员的沟通，也是保证我们工作顺利开展的重要因素。

在这方面的沟通中，其基本原则就是：尊重他人、信任他人、宽容他人。

具体说来有以下几个方面：

（1）不能无视任何人的作用，尊重每一个人。你周围的人，或者是与你没有直接任务关系的人，对于他们的情况，你了解的可能比较少，而这些人的作用与地位也许与你刚刚接触的时候所得到的印象并不一样。因此，在日常情况下，新到一个单位或部门，去一个新开发的客户那里做工作，都需要有这样一种心态：不能无视任何一个人的作用，不管他是一个领导，还是一个小人物。只有这样，才能保证你的工作不会因为你的一丝一毫不在意的语言和行为的失当而失败。

（2）给别人留面子，就是给自己留后路。一般情况下，人们认为与自己不发生直接关系的人都是外人，因而对于他们的反应有的时候就不太在意，这是一个认识上的误区。俗话讲，多一个朋友多一条路，多一个敌人多一堵墙。人与人打交道的过程中，不可能保证全都有良好的结果，别人有的时候会有失误，也会有一些错误，这个时候，应该想到自己将来的工作，将来的任务，千万不能落井下石，或者趁火打劫。而对于别人给自己工作带来的不便，也不能意气用事。

（3）学会拒绝。拒绝是一个必须学会的手段，现实中总有一些你无法承受的任务或工作，也总有一些你无力去做的事情，还有一种情况是你需要表明自己的立场。因此，要把拒绝作为一种工作的手段。应避免把拒绝变成商讨，要降低拒绝给对方的打击，应让对方把拒绝看成是一种态度的表示。

（4）追求合作，学会让步。因为你和他人的交往不是一次性的，即使是一次性的交往也不要用一种欺骗的办法获取利益。学会让步，能在交往中间找到更多的利益点，用真诚启发想象力，能让彼此找到更多的合作机会。人们是有很多机会和共同的利益点的，即使只有一个利益点，也会有多种方式来实现它。而如果能够在一个机会上满足对方的需要，在建立起这种联系和交往关系的情况下，你们的关系是能够不断地加强的。因此，让步仅仅是合作的一个开始。能够通过让步换取别人的信任，很有必要。

（5）学会说服别人、认真听对方表达意见。

具体技巧有：

1）认真听对方表达意见。应该让对方把意见表达出来，并且仔细地聆听。要是你在对方讲话中插了嘴，或拒绝听下去的话，会伤害对方的热情。

2）回答之前先停顿一下。当受到质问时，在回答之前先看看对方，停顿一下，对方可能会因此而认为自己所说的话具有值得考虑的地方。

3）不要贪图100%的胜利。当我们开始争论的时候，每个人大抵都想证明自己是完全正确的，对方则是完全错误的，事实上，适当肯定一下对方的观点，即使是个极小的让步，也能够引导对方对自己做出相对的让步。

4）慎重而正确地陈述自己的想法。想推翻别人的意见，冷静地陈述事实，要比强制地推销来得有效。驳倒对方，举出其错误，使对方答不出话来的方式，可能得到听众的喝彩，自己以为已经获得胜利，但是事实上，对方仍未心服口服，也就谈不上遵从了。

5）通过第三方传递。意见和别人对立的时候，让对方信赖的人来表达意见，比自我辩解更会使人信服，而自己的辩解只能让人疑惑。

6）顾全对方的颜面。对方既然已经说出了自己的想法，就难以轻易地改变，这是因为，如果他赞同了你的想法，那就等于承认自己的看法是错误的，实际上是等于承认自己的失败。有说服力的人，懂得要预留一个台阶，让对方在摒弃原来的意见之后不至于损及颜面。

案例：

下面举的这个例子是一个在英国一家有名的咨询公司工作的年轻人的经历。

这个年轻人当时刚从研究生院毕业还不到一年，品学兼优，聪明，有抱负，人也十分勤奋。他刚刚接手一项任务，帮助一家小公司决策应该把它们有限的资金投入哪条生产线，这个任务对咨询公司来说不过是个小项目（总咨询费还不到15000美元），于是一个高级顾问就把这个项目交给了这个年轻人，明确要求他按预算尽快完成任务。

这位年轻顾问满腔热情地接受了任务，因为这是他第一次独自负责一个项目，他认为这是一个绝好的表现机会，借此他既可显露他的企业咨询能力，又可给公司带来利润，同时还帮助了委托公司。

第一天，他一到委托公司，公司的总经理便召集了他的绝大多数部门经理开会，给他提供情况。总经理首先谈了自己对主要资源分配的看法，然后鼓励大家各抒己见。在意识到自己是在场的人中最年轻的一个时，这位年轻的顾问便大谈特谈他对这个问题的理解，极力表现出他具有这方面的专业知识。在他看来会议进行得十分顺利，其间只发生过一件令人尴尬的事，但这件事实际上又给了他一次展示个人专业知识的机会。

大约是在会议进行到一半时，一个穿着一件皱巴巴的棕色西装的小个子男人从会议室后排站起来发言，他提了一个又长又含糊不清的问题，他提的这个问题说明他没听懂刚才年轻的顾问讲的话。这位年轻的顾问因为不想在集体会议上给他补专业课，便把话题岔开。但那个人不肯罢休，又提了一个问题，这次年轻的顾问运用他的口才和机智使他哑口无声。这招还真灵，几乎所有人（当然那个人除外）都笑起来，那个穿皱巴巴棕色西装的小个子男人闭上了嘴。

会后，年轻的顾问分头与公司一些高层经理进行个别谈话，然后很快得出结论：分析工作的关键是查明每条生产线的确切费用。之后，他便去找主管财务的副总经理，结果得知他需要用以确定生产线确切费用的大部分历史数据都不在计算机里，它们被财务部人员收存在各自的档案里，这些档案分散在财务部和整个工厂。到了下午四点钟，年轻的顾问越来越焦急，很明显主管财务的副总经理和他的主要助手都不知道这些档案是以什么方式建立的，也不知道它们现在何处。

眼看这个项目要超出预算，年轻的顾问心急如焚。幸亏主管财务的副总经理想起他的部下中有一个人肯定知道到哪儿可以找到这些档案，这才令他松了口气。他被带到财务部后面的一个小房间，进去后他看见里面有一个人，正是那个穿皱巴巴棕色西装的小个子男人。

思考：

1. 这位年轻人失误在什么地方？
2. 这种失误是一种偶然现象还是存在着某种必然性？

第四章 正式沟通与非正式沟通

在各级管理中，都存在正式沟通与非正式沟通。每一名管理者都要学会正式沟通和非正式沟通的要领，合理利用这两种沟通，以加强我们工作的效率、提高沟通的效果。

第一节　正式沟通

一、正式沟通的概念

正式沟通是为企业组织所设计和规范的沟通，以正式的职位关系为基础，在组织系统内，依据一定的组织原则所进行的信息传递与交流沟通。

正式沟通网络是指通过正式信息沟通渠道建立起来的联系，它在组织中最为常见，在信息沟通中发挥主渠道作用。

例如：组织与组织之间的公函来往，组织内部的文件传达、召开会议，上下级之间的定期的情报交换等。另外，团体所组织的参观访问、技术交流、市场调查等等。

二、正式沟通的优缺点

正式沟通的优点是，沟通效果好，比较严肃，约束力强，易于保密，可以使信息沟通保持权威性。重要的信息和文件的传达、组织的决策等，一般都采取这种方式。

其缺点是层层传递，显得刻板而缺乏灵活性，沟通的速度比较缓慢。

三、正式沟通注意事项

正式沟通由于是正式渠道建立的沟通，它比较严肃、受众面相对较广，并且正式沟通一般传达一些正式的、严肃的信息，传达积极向上的、正面的信息。因此在正式沟通中要做到“六不”。

（1）不能非议国家、政府。

（2）对无关人员不涉及保密事项。

（3）在与团体、组织交流时不涉及对方的内部事务。

（4）不非议国家、政府及其他部门的领导、同事和同行。

（5）不谈论格调不高的问题。

（6）不涉及私人问题。

第二节 非正式沟通

一、非正式沟通的概念

非正式沟通渠道指的是正式沟通渠道以外的信息交流和传递，它不受组织监督，自由选择沟通渠道。例如团体成员私下交换看法、朋友聚会、朋友间组织的活动等。

非正式沟通的优点是，沟通形式不拘，直接明了，速度很快，容易及时了解到正式沟通难以提供的“内幕新闻”。非正式沟通能够发挥作用的基础，是团体中良好的人际关系。其缺点表现在，非正式沟通难以控制，传递的信息不确切，易于失真、曲解，而且，它可能导致小集团、小圈子，影响人心稳定和团体的凝聚力。

二、非正式沟通的作用

非正式沟通是正式沟通的有机补充。在许多组织中，决策时利用的情报大部分是由非正式信息系统传递的。同正式沟通相比，非正式沟通往往能更灵活迅速地适应事态的变化，省略许多繁琐的程序；并且常常能提供大量的通过正式沟通渠道难以获得的信息，真实地反映员工的思想、态度和动机。因此，这种动机往往能够对管理决策起重要作用。

此外，非正式沟通还有一种可以事先预知的模型。心理学研究表明，非正式沟通的内容和形式往往是能够事先被人知道的。它具有以下几个特点：第一，消息越新鲜，人们谈论的就越多；第二，对人们工作有影响者，最容易招致人们谈论；第三，最为人们所熟悉者，最多为人们谈论；第四，在工作中有关系的人，往往容易被牵扯到同一传闻中去；第五，在工作上接触多的人，最可能被牵扯到同一传闻中去。

对于非正式沟通这些规律，管理者应该予以充分注意，以杜绝起消极作用的“小道消息”，利用非正式沟通为组织目标服务。

每一名领导者都要学会利用非正式沟通，因为非正式沟通无疑是正式沟通的必要补充。其具体作用如下。

（一）舒缓压力和放松心情

每个人都有烦恼的时候，也都需要找朋友说说话聊聊天，进行一下沟通，将心中的不快宣泄出来，大部分人都会采取这种方式来释放压力，工作中遇到很多事情，如和同事关系紧张、工作力不从心、被上司训斥等等，我们都习惯打个电话给老朋友叙叙旧，顺便抱怨一番，也希望老朋友给点意见建议，抑或朋友在一起聚聚餐，一吐为快，情况会好很多。

（二）及时了解员工的情况和信息

非正式沟通的内容涉及很多知识和讯息，工作情况、天文地理、时事资讯、家长理短等等都是非正式沟通的内容。这些内容是没有经过严格组织和整理的，可能有些很有价值的信息也蕴藏其中，这需要我们有敏锐捕捉和分析信息的能力。对于我们领导者捕捉对工作和处理人际关系有益的信息是非常重要的。

（三）拉近距离，影响他人

非正式沟通中，大家难免会表达自己对某些事情的看法、观点等。正式沟通时人们脑子里老要揣摩对方的目的，感觉是在博弈，很辛苦。

而非正式沟通中人们就不会有太多的戒备心理，人们的各种想法都是随意发出，没有什么目的和企图，如果对方认可也会很容易吸收。因此，领导者可以利用非正式沟通的这个特点，用正确的观点、看法去影响他人。

在正式管理沟通中，一些领导更习惯将自己的经验和想法强加于人，而没有顾及对方的想法和感受。这样的沟通太严肃、太拘谨。而非正式沟通可以很随意，下盘棋、打打球、拉拉家常、谈谈爱好。双方可以平等地对待对方，这样同样也可以解决问题，还可以拉近彼此的距离。

（四）消除误会，增强互信

工作和生活中少不了相互误会，一件小事引起双方互相生疑、相互猜忌、相互愤恨，如果没有沟通释疑，这个问题就得不到解决，长时间这样下去，怨愤会越积越深，双方会逐步形成根深蒂固的偏见，这就是缺乏沟通的严重后果。因此一定要通过沟通消除误会，而最好的沟通方式就是非正式沟通，在谈笑风生中消除疑云前嫌。

三、非正式沟通的注意事项

（一）信任和坦诚

被人信任是幸福的，信任是沟通的前提。如果缺乏互信，聊天必然是流于形式，相互说笑一番，碰到敏感问题时要么打马虎眼，要么遮遮掩掩，要么编造谎言隐藏真实想法，这种聊天除了消磨时间实在是没有什么意义。聊天如果要能深入问题，双方必须足够信任才至于打开心门，同时还要坦诚交流。

（二）避免亲疏远近

人们一般喜欢和自己志趣相投的人说话聊天，和那些自己不太认同的人就保持足够的心理安全距离，这种做法明显会造成亲近的人越来越亲近，疏远的人越来越疏远。尤其作为领导要杜绝这一点，特别是和下属们的沟通，千万要避免亲疏远近，避免和自己赏识的下属越聊越投机，而和自认为有问题的下属就很少聊，最后甚至变得除了工作指示，其他连一句话都不想多说。

（三）善于引导，传播正面信息

在非正式沟通中，领导者要有意识地进行引导。在当事人情绪激动、控制不住自己时，要么言辞激烈，争论不休；要么会因为双方地位不平等而保持沉默。领导者遇到这种情况时，要善于察言观色，控制情绪和局势，适时进行引导，避免冲突。

同时，领导者要注意在非正式沟通中转播正面信息。人们在工作之余谈论是非、品头论足、抱怨指责、宣泄不爽、愤世嫉俗、指点江山的现象普遍存在，这些都是工作中容易引起消极情绪的负面信息。作为领导者，不应该成为无聊的长舌妇，要积极思考，主张正义，传播正面积极的信息，什么事情该去说什么事情不该去说，这都要把握好分寸，成为有修养有内涵的人，为企业发挥积极的作用。

（四）善于互动

沟通需要善于倾听，但恰当的互动对于保证沟通的有效是必须的。

你可以多听少说，但不能完全不说，要沟通中伺机表达自己的思想观点和立场意见。比如，适当的点头、让对方重复他说的一句话、适当的反问等等。如果你只是一味听别人讲，而自己却守口如瓶，别人要么体谅你的不善言谈，要么就会认为你城府太深，会引起对方的警惕。

（五）敏感问题要慎问

每个人都有一些敏感问题，比如有些人的收入、一些女性的年龄、某些人的家庭和婚姻问题、一些人的健康问题以及个人经历等等。

第五章 人际关系沟通

在我们的生活中，我们会面临各种各样的关系，其中人际关系是我们工作、生活以及出各种问题时都要面对的。俗话说“一个好汉三个帮”，即便你退休了赋闲在家，那你也要面对各种人际关系。我们进行沟通的目的之一，就是要把人际关系处理好，这个关系处理不好就会产生矛盾。街坊邻里间常常因沟通不善发生矛盾、员工之间常常由于利益发生冲突、领导与下属之间发生分歧等等大都是由于沟通出现了问题造成的。因此，我们每个人要想生活得愉快一些，就要建立良好的人际关系，避免可能产生的矛盾和冲突，把握好人际关系沟通的一些因素。

第一节 建立人际关系的基础

做任何事情都需要一定的基础。处理好人际关系也需要一定的基础，比如你的相貌、衣着打扮、兴趣爱好等。当然除了这些外在的东西以外，还包括你的心态、气质、修养、语言谈吐、自信心以及你拥有知识的广度和深度等。另外，你的社会背景、家庭背景、个人或家庭的富裕程度等都是你与人沟通时的基础。

这些基础有些是可以通过自身的注意或努力来改变的，有些则是不可以改变的。为此，我们就有必要正确地认识自己，发挥自身的优势，回避自身的弱项，同时摆正沟通的观念，从而建立起好的人际关系。

一、扬长避短，正确认识自我

一个好的人际关系的基础既包括外在的，也包括内在的两个方面。每个人外在的和内在的都会不一样，也就是差异。有些差异是可以弥补的，有些差异则无法弥补。

比如人的相貌天生如此，爹妈给的。有的人家庭境况不是很好，没有办法，上辈子的事情，我们解决不了。

但有很多东西是我们可以改变的。比如对待事情的态度是可以改变的，你的学问是可以改变的，你的修养也是可以改变的。这就需要我们经常读一些书，增强自己认识问题的能力、提高自我的修养，使自己能够心态平和地与各种人打交道。

与他人沟通重要的是正确认识自我。认识到每个人都有自己的长处和短处。

有些人在与他人沟通时总是仰视别人觉得自己低人一等或自己不如人家，这就是心态的原因，没有正确地认识自己。还有的人与别人沟通时总是趾高气扬，不可一世，总是俯视别人，这也是心态问题，没有认识到他自己也有不如人的地方。所以说，沟通中我们应尊重对方，那是对于人的尊重，做到既不仰视也不俯视，平等地与各种人打交道。这就是认识问题和心态问题。

沟通中不必强求，也就是不要勉强自己。尽力与每一个人建立良好的人际关系，能相处的好自然最好，如果相处困难也不必勉强自己。

二、避免极端，客观对待他人

在沟通中常常听有人说：那小子不可救药了、那人简直就是……，这样的话都很吓人。其实自己想一下，每个人都在变，俗话说“士三日不见当刮目相看”，说的就是人在不断变化。可我们总有一些人沾沾自喜地对别人说：我一眼就能把谁谁看穿。俨然一个算命先生啊。

在与他人沟通中，切忌简单武断地评价别人，而是以一种变化的眼光、与人为善的态度、包容的心胸去与人沟通和相处。中国老百姓常说：“说话要积口德”，也是在说对人不要妄加评论。

另外我们要客观地对待别人，同时也要正确理解“知人知面不知心”的道理。不要一见面就把“心窝子”掏出来。

三、以善心结善缘，心存随喜心

虽然中国人有很多不信佛教，但佛教的很多观点是被人们所接受的。比如结善缘、随喜心等。

俗话说，好师要拜、好友要交，说的就是结善缘。宁识好人一百不识恶人一个，说的也是这个道理。做人要有原则，交友和处理人际关系也要有原则。这就是说，我们处理人际关系是要有选择的，不是什么人都可以做朋友的。

另外，我们心存随喜心很重要，当别人取得成绩时恭喜人家，别人会高兴。别人取得了成绩、遇到了高兴的事情、升了官、发了财，见面不妨真诚地说一句“祝贺你”。这里要注意两点，第一是不要说人家不高兴的。记得一次我去外地出差，辛苦得很，任务完成得也不错，回来后领导给了我一些奖励。那天碰到一个同事见面就说：“出差啦”，我说：“是的，这不，刚回来”。那位同事开口道：“又挣了不少钱吧”。我一听，有些郁闷，心想：我都快累死了你知道吗？第二是恭喜别人要真诚，否则人家会说你“世故”，或者别有用心。

我们这里强调随喜心是说对人要真诚，然而，一些人最初对人很真诚，但在吃亏上当之后也慢慢变得不真诚了。我遇到过一些这样的人，他们认为真诚往往会吃亏。虽然我们可以防着别人，但绝不可以在与人相处时耍阴谋诡计，也绝不可以在人与人相处时坑害他人，那样你就失去了与他人良好相处的基础，最终的结果就是影单形孤。

四、心存仁爱，包容他人

人要心存仁爱，有仁爱必生和气，有和气必生悦色，有悦色必生婉容，有婉容必生健康。

一个人在与他人交往中，容光焕发，面带悦色，必然会和和气气地沟通，即便他人说错了什么，也不会生气。我们在生活中会遇到这样的人，常常横眉冷对，一旦别人说错了话则不依不饶，恨不得要“追究刑事责任”。如果多一些仁爱之心，多一些包容之心，你就会有和气、有婉容、有悦色，自然而然你就会有健康。有人说：在沟通中要少讲技巧多讲情感交流。这句话有一定的道理。其实，真感情就是好文章。也许你的表达能力并不强，但你用真情感人，用仁爱之心待人，这才是最好的沟通。

如果我们缺少仁爱之心和包容心，我们常常会陷入“看不惯”的境地。仔细想一下，我们的生活中没有那么多所谓的“敌我矛盾”，每人都会犯错误、每人或多或少都有一些让别人看不惯的地方。你看不惯别人，别人也许还看不惯你呢。于是大家彼此都看不惯，大家都老死不相往来？

总之，多一些仁爱之心，多一些包容，对我们的人际交往会有莫大的帮助，会使我们的身心更加健康。

案例：

羽毛球的故事。

我的一个朋友小张，羽毛球打的很好，算是业余选手中的高手。他们单位新来的两位领导也喜欢打羽毛球。于是单位领导让小张找几个羽毛球打得好的人一起玩一玩。小张于是在单位里找了几个羽毛球打得好的朋友，约好在周末搞一次友谊比赛。

在比赛中，小张的那几位朋友是毫不留情，把两位领导打的落花流水，别人一看就知道，那两位领导与小张的几个朋友羽毛球水平不在一个层次。自然在这个比赛中，领导只能穷于奔命而无力招架。

小张的羽毛球水平远比那几位朋友高，可是比赛中小张却把握好了尺度，让领导赢了几局，自己也赢了几局。于是领导觉得与小张一起打球能够玩到一起。

此后，每每领导打球总是拉着小张一起去。多年下来，小张也与领导建立了良好的关系。

第二节　人际关系通道

做任何事都要有通道，俗话说“狗有狗道，猫有猫道”，说的就是这个道理。我们建立人际关系也自有其通道，人际关系的通道就是建立人际关系的途径。这种途径有些是自然而然形成的，比如由于在一起工作或者业务关系产生的联系，由于是街里街坊而彼此往来等而建立的联系。还有的通道是需要发现和建立的，比如有些人喜欢打羽毛球，他可以利用这项技能建立起一个“球友”的人际圈子，比如经常爬山的人有山友、经常下棋的人有棋友等。还有些人是在酒桌上相识、有的是通过打麻将相识。人际关系的通道或途径不同，朋友的圈子也就不同。

我们在建立人际关系时，要善于利用和发现这种通道，从而与别人建立起交往的通道，从而产生相应的人际关系。

为了建立起人际交往的圈子，除了正常的工作关系、业务关系以外，我们最好要培养一些适当的爱好，不管是唱歌、跳舞、打球、爬山、游泳等都是一种不错的爱好，这些爱好在丰富自己生活的同时，也是建立人际关系交往圈子的不错的途径。顺便说一句，切记切记，一切的爱好仅是让我们生活的更加丰富、更加美好，包括建立人际关系的圈子也是如此，一定不要把它变成一种嗜好而沉溺其中，更不要因为彼此强调得失而把快乐变成不快乐。

记得一次单位的几个同事在一起玩牌，大家都很高兴。这时一个人说另一个人要赖、不讲规矩，那个人却矢口否认，于是两个人吵了起来，最后是不欢而散。结果是让一个娱乐变得“不娱乐”。

一定要切记，我们是利用通道而不要为通道所困。为此，我们通过以下几个方面的叙述来加深对人际关系通道的认识和理解。

一、通道仅是人际关系的渠道而已

通道是一种工具，是用来彼此了解的。我们不要把人际交往的通道变成一种谋私或升官发财的通道，如果带着这种心理有时就会很失落。我们生活的目的只有一个，那就是要生活得幸福或实现人生的价值，通道只是我们实现这个目标的工具而已。在建立人际关系的通道中，一定要明确人在其中的主导地位，不能让它们反过来控制个人，使得个人产生离开它们就不自在的感觉。

这里，我们还要明白，人际交往的各种途径是为了更好地融洽人际关系。有了交往的渠道，彼此交往的机会就会增多，相互的了解也会增加，长此以往彼此的感情也会加深，因而人际关系就会变得融洽。所以有人说，交往的频率决定距离，自有其中的道理。

同时，我们也要知道，通道还是我们解决问题的一个润滑剂。有了通道，关系近了，很多事情就会变得简单而容易处理。上海的宝钢公司成立了一个作业长联谊会，让作业长经常有机会接触。其目的就是让他们之间建立起良好的关系，从而在处理生产中遇到的问题时能够更好地协作，这就是润滑剂的作用。当然，日常生活中，我们的人脉圈子多一些，一些不好办的事情也会变得好办一些。

案例 1：

人脉关系帮助他成功。

很多人都知道，很多年前中国香港的某企业家来北京打算开发北京王府井地区的房地产。他来到北京后，自然要与有关部门打交道，打打麻将也是不可少的。这位企业家打麻将的时候很少赢，大部分时候都是输，自然他也输了不少钱。这位企业家为自己辩解道：常年忙于商务，哪里有时间玩牌啊，麻将水平太差啦。

恰恰是这位企业家的这种“大度”，使他在北京结识了不少人，与很多商界人士建立起了很好的关系，成为了朋友。这是他所建立的这种关系，使得他以后在北京得以大展宏图。

案例 2：

如何与他人结识。

中国人是很难结识并深入了解的，这种情况对于事业有成的大企业家而言尤其严重。这类人通常都比较害怕陌生人的打搅，而很多人都希望从这类人身上得些好处，作为一种认识他人的诱因，有这样的想法也无可厚非。问题在于通过怎样的途径来结识这些企业家，直接登门拜访，人家避而不见，电话联系通常不会接听，而托人介绍同样也十分困难。最好的办法就是打听他有怎样的兴趣爱好，然后投其所好在其经常出现的活动场所静观其变，这个过程千万注意要耐心等待，不可急切地表现出与其结识的意图，否则只能是功亏一篑，以失败而告终。

二、人际关系中的注意事项

在处理人际关系中，有了途径只是开始，要发挥良好的人际关系的积极作用，其中有很多需要我们注意的问题。

第一，既要坚持原则，又要发挥主动性。原则就是底线，凡事不可越过底线。中国人常说：为善不近名，为恶不近刑。这里“为恶不近刑”说的就是底线。有些人在人际交往中，只讲哥们义气不讲原则，好事一起做，坏事也一起做，好事帮，坏事也帮。

比如，有人求别人办过事情，反过来别人再求他的时候，他便不管三七二十一，是忙便帮，最后把自己也搭进去了。

在交往的过程中，要学会自控，凡不正当的活动你要劝说不要做。如果明知不可劝，那你便推脱了事。如果对方一定要拉着你做坏事，那这种朋友是不可交的，找机会慢慢疏远他们，脱离这个人际圈子。

所谓主动性就是在交往中要有主动性，该互通的信息要主动沟通，该发起的活动要主动参与或发起，不要总是等着别人来找自己沟通。

第二，要注意君子和而不同，小人同而不和。君子和而不同是说在交往中，既要随和，与大家形成默契的配合，也要有自己的个性，不能凡事随波逐流，比如“学会拒绝”、有不同的观点等等。你不能够与大家配合好，你就会在这个圈子中格格不人，人家就不愿意“带你玩”了。但你万事随别人的愿，就有可能违背自己的意愿，做一些让自己很痛苦的事情，甚至可能“同流合污”，一起做坏事。因此，这个度的把握很重要，这其实也是个性与共性的矛盾处理和把握问题。

第三节 人际关系的经营

如同经营企业一样，人际关系是需要经营的。因为世界的万物总处在不断的变化之中，人与人之间的关系也在不断地变化，关系再好的朋友，很多年不走动关系也会变得疏远。关系不好的人，通过主动改善关系，也会变成好朋友。所以，人际关系往往是要么越来越亲密，要么越来越疏远，要么越来越好，要么越来越坏。由此我们知道，人际关系需要经营，只有不断地经营才能使人际关系至少维持其水平。

一个人想要成功，必须建立广阔的人脉，多和异业交流，增广见闻。佛教中有句话叫做结善缘，也即好友要交、好师要拜、好事要做。如果一个人固步自封于自身的领域中，不仅见识会狭窄，也很难在事业上得到更加广泛的支持。

一、端正态度，多交好友

第一，还是态度的问题。中国很多人很势利，你发达的时候他巴结你，与你交友，你没落的时候，就很少有人问津你。还有我们一些人的从众思想很严重，人趋亦趋对深得领导赏识的人热情有加、嘘寒问暖，而对受到领导冷落的人则视而不见。这是一种很不端正的态度。

我们常说患难之交，患难之时见真情。那么这也告诉我们，在别人发达的时候你去与他交往，他往往会有戒心。正确态度应该是，你发达的时候我们只是正常的来往。在你不发达的时候，在别人还默默无闻的时候我们也向其发出橄榄枝，需要的时候向其施以援手，这样的交往往往能换来对方的真心回报。

第二，争取“贵人”的赏识。人的一生中能有几个贵人相助那是一种收获。什么是贵人？他能在你困难的时候帮你一下、摔倒的时候扶你一把。在很多时候，贵人是我们人生旅途中成功的一个梯子。因此争取获得贵人的帮助，对于我们是一件有益的事。

这里要解决两个问题，一是如何获得贵人的相助。古人云：不同道不与为谋。意思是说，只有志同道合者才可以与之一起同谋。这给我们一个启示，你应该是一个有理想、有奋斗目标的人，而且是可塑造之才。那样的话，贵人才乐于助你。二是你要广交朋友，扩大交友的范围，圈子大些、多些，遇到贵人的概率就高些。然而，曾仕强教授也说，“恩生于害”。就是说当前对自己看似关怀备至的人，往往在将来会对自己造成伤害；而现在对自己要求严格、限制很多的人，自己通常会在多年以后对之感激不尽。一个人没有经过磨炼是成长不了的，所以年轻人应该意识到“领导现在对自己的客气并不是一种福气”，而现在的严格要求，日后却会积累成为非常宝贵的经验。

案例：

胡雪岩对王有林的支持与帮助。

在历史上，王有林就是名商胡雪岩的一个“贵人”。胡雪岩结识王有林的时候，王有林实际上正处于穷困潦倒、一贫如洗并且郁郁不得志的关头。正是在这个时候，胡雪岩赠与他500两银子，助其投官。后来，王有林仕途顺畅，回过头来对胡雪岩的经营也提供了莫大的帮助。正所谓“有心栽花花不开，无心插柳柳成荫”，应该说胡雪岩当年对王有林的支持与帮助从现代投资报酬的角度来看是没有什么合理性的，然而却收到了意想不到的效果。由此可见，在人际交往中存心去做什么事情往往是没有什么好结果的。

第三，谦虚互勉，共同成长。我们常说，良鸟择枝而栖。在朋友相处中，我们也要择善。“择善”是指在朋友相处中，对方能够就自己不对的地方提出规劝，而不是一团和气。对朋友的问题和缺点错误以恰当的方式指出来，或者直言不讳地提出来，才能真正帮助朋友得到成长和改进。因此，在与朋友的相处中，应该倡导互相勉励和规劝，而不能一味地怂恿、包庇甚至于同流合污。

人际交往中还要学会谦虚。一般地很有本事的人不会到处吹嘘自己。往往有点本事，本事又不高的人常常会自吹自擂。

曾仕强教授说：对于个人而言，五湖四海都有朋友自然在很多事情的处理上都会获得便利。然而，运用这些人际关系资源的尺度也还需要谨慎把握，一旦处世方便到投机取巧的地步则往往意味着危机的开端。所以，一个人难能可贵之处就在于从朋友关系中获取便利的时候善于自我节制，注意自我防备不留“后遗症”，这也就是运用人际关系“恰到好处”的精髓之所在。

二、学会识友，学会助人

在现代中国社会中，人们普遍持有的都是结果论，即将行事的结果看得异常重要。然而，应该认识到结果不是人力所能控制的，个人能力所及的只是过程。因此，只要在过程中做到认真、负责以及全心全意地投入，结果则不应该那么看重，正所谓“尽人事，听天命”就是这个道理。在人际关系的处理中也是一样，人们结交朋友不应该以成败来论英雄。

在人际交往中形成的朋友关系是有层次区分的，个人应该努力加深与朋友的相互了解，以便能够结交到几个可以肝胆相照的知心朋友，而不仅仅是停留在泛泛之交的层面。知心的朋友平时可能并不起眼，但是到了危机时刻却真正能够挺身而出、解救自己于水火之中。这种朋友是非常宝贵的，有必要通过平时的试探来逐步地发掘。

以借钱为例，很多人在遇到危机的时候，向平日的朋友借钱周转往往都是无功而返，很容易就变得心灰意冷了。实际上，为了应对不时之需，在平时没有什么状况的时候就尝试着向朋友借钱，如果一开口就回绝了，自然在任何时候都是借不到钱的；如果对方满口答应，可能是真心对你进行帮助，也可能是在做表面文章，如果是后者也是靠不住的；只有对方能够很诚恳地应对自己需求，这样的朋友才值得深交。平时做好了这些试探工作，在真正遇到困难的时候，才知道哪些朋友是能够提供帮助的，这就是所谓的“未雨绸缪”。

在人际交往中，向朋友提供经济帮助应该是针对紧急情况而作出的，而不能让对方形成依赖自己的惰性。而对于一贯贫困的人，则应该告诉他脱离困境的方法，使其能够得到一劳永逸的改变。

第四节 人际关系沟通的技巧

中国人最讨厌的就是拍马屁的人，但是却普遍很喜欢和享受那种“马屁”的味道，即应该在合情合理的情况下赞美别人，利用向人讨教的机会达到赞美别人的目的。

赞美的对象是别人，赞美的主体则是自己。在人际关系的处理中应该适当地抬高交往的对象，同时适度地夸奖自己，为自己营造一些表现自我的机会。

一、尊重他人，学会赞美

很多管理学者都在强调“中国人有马屁文化，拍马屁能够成功”，实际上这种论调是错误的，因为中国人最讨厌的就是拍马屁的人，每个人都应认识到“拍马屁能够成功”是骗人的谎言，千万不能使自己蒙蔽于其中。

赞美不妨也叫作“恭维”，就是说好听的话，中国人是天底下最喜欢听恭维话的人。由于“忠言逆耳，良药苦口”，所以在中国历史上凡是当面讲实在话的人，大都有着坎坷的经历，而魏征之所以能够名传千古，就是因为唐太宗能够听得进去逆耳的忠言。由于中国人有这样的特点，所以在人际交往中，与人沟通讲话首先应该运用适当的恭维让对方易于接受，否则，顺利的沟通并形成良好的人际关系就成了空谈。

中国人非常要面子，对方没有面子就会生气，一生气就不讲道理，那怎么还能继续沟通呢。所以，与中国人沟通就要把握中国人的“面子”观念。

中国人爱面子并不是什么缺点，因为爱面子体现了中国人的羞耻之心。在中国的人际交往中，如果让对方没有面子，则会让人觉得你自己蛮不讲理，只有给足了对方面子，事情处理起来才能够顺利很多。所谓给别人台阶下就是给自己台阶下，就是这个道理。

二、赞美要适度，避免自吹自擂

在人际交往中，恭维别人说好听的话目的在于让对方易于接受，其中，对尺度的把握是非常重要的，否则把对方过高地吹捧到他自己都难以相信的地步，则任何效果都达不到。过分的吹捧，从另外的角度来理解就是嘲笑和挖苦，必然不会使对方受用。因此，最好的方式是在合情合理的情况下，利用向人讨教的机会达到赞美别人的目的。

在表达对事物的看法时也是一样，过高的评价往往会带给别人很高的期待值，而一旦对方经过自己的体会没有感受到如此的水平时，通常就会产生失望的情绪，从而影响对讲话者的良好印象。另外，在对自我的吹捧方面，把握适度也是必须的，应做到自我吹捧能够为别人所接受。

在人际关系的维系中，适当地恭维别人以获取好感是必要的，但是自吹自擂就是一个极大的败笔了。恰当地自我吹捧，为自己营造一些表现自我的机会最好的做法是通过别人（例如好友）来进行，否则，不仅会收到适得其反的效果，还会有损自己在别人心目中的良好形象。

三、学会认同对方

我们常常会发现有些人喜欢“抬杠”。“抬杠”就是在沟通中出现了分歧，于是双方各执一词、争论不休。你如果不同意对方的观点，而又想说服对方，这种情形下你能不能避免“抬杠”呢？当然是可以的。方法其实很简单，那就是认同对方。

据说一个顾客到某大型商店购物，挑选了半个多小时之后，带着挑衅的口吻对着售货员说：我怎么感觉你们店的东西都是假冒伪劣呢？没想到那位售货员面带微笑地说：你说的好像有道理，呵呵，不过我发现你真的很喜欢开玩笑。一个巧妙的幽默，化解了一个可能发生的冲突。

这个故事告诉我们一个道理，当你不同意对方的观点时，可以先认可对方的说法，你认可了对方，你们后面的继续沟通就有了基础。你可以说：你说的有道理，咱们从另外一个角度想想看……

案例 1：

对“年轻不留白”的正确理解。

时下年轻人中很流行一句话，即“年轻不留白”，提醒年轻人要尽可能多地丰富自己的阅历、增长自己的见闻。然而，需要指出的是，这句话表达得过于绝对了，容易引导年轻人误入歧途。

西方人绘画，一定将整张纸都涂满。而中国人作画，则会留下很多的空白，使得欣赏者能够获得很大的思索空间。从这个方面可以看到，中国人实际上是强调给予别人自主思考和想像的空间的。如果一个人不留白，整天都在做各种各样的事情，但是却没有时间来进行思考和消化，实际上是不会收获多少东西的。所以在书中除了字之外，之所以还留有很多空白的地方，也是出于同样的道理。

因此，每一个人都要留白，这样才会开悟，智慧才会增长。有时知识越多的人，知识反而会成为一种障碍，即知识障碍。因为太多的知识使得个人的智慧受到了压制，散发不出来。因此，今天的人很多是有知识而没有智慧的，所以他们只会倒退，而不会进步。

案例 2：

中西方人品区分标准的差异。

西方人对于人的判断是绝对的，好与坏能够区分得非常清楚；而中国人则不是这样，在任何方面都具有“两面性”：守法的时候循规蹈矩，不守法的时候比谁都乱来；快的时候是全世界最快的，慢的时候是全世界最慢的；好的时候是全世界最好的，坏的时候又能够成为全世界最坏的。因此，在对中国人进行判断的时候，不能用绝对的标准，而应该视情况而定。

中国人认为，一个人不努力对不起祖宗。因此，中国人应该是从祖先处继承“德”的思想的，通过自己的不懈努力来使得自己做到“有德”。中华民族是祖先崇拜的民族，也因此比其他的民族多一条导航线，即我们跟祖宗是连在一起的。之所以形容“中国人是世界上唯一地把祖先的灵背在肩膀上行走天下的人”，说明的就是这个道理，中国人可以通过与祖先的对话在任何方面得到指点，使内心得到净化和有很强的支撑感。

案例 3：

中西方神鬼观念的区别。

“中国人善于透过死人来管教活人”，这对于西方人而言是无论如何也不能理解的。中西方的神鬼观念是存在巨大的差别的。

在西方的观念看来，人是人而神是神，人不能变成神。神是超越人的，因此可以颁布戒律、要求人遵照实行。人实践得再好，也不过成为圣者，而不可能变成神。这是西方人无可奈何的命运，终生必须奉行神的旨意，遵照戒律。而中国的神，可以说大多数都是由人变成的：人死为鬼（即归去的意思），鬼如果很懒散，缺乏服务的热忱，就成为懒鬼，当然不能变成神；而若是负有服务的热忱，久而久之，就能变成神。也就是说，人可以变成神，这是中国人最大的幸运之所在。中华民族是天底下最会“装神弄鬼”的民族，把鬼和神都人性化了，所以中国的神鬼都是很有人情味的，这是对中国人认为“神鬼来自于人”的最好说明。

中国人仿效神对人不言而教，以实际行动作为普度众生、救苦救难的精神，用“感应”来影响其他人。我国文化源自《易经》，周易是儒、道两家的共同思想渊源。《易经》披上神秘的外衣，只是“借宗教的力量来弥补道德的不足”，实际上仍是以“明象位、重德业”为主，教人先正己而后正人，先修己然后才谈到安人。孔子不主张怪力乱神，却依然断言“获罪于天，无所祷也”。可见“在天命所归的范围内努力奋斗”，同时“以道德良心来抉择决策”，使得中国人的人际关系，以顺天应人和尊亲睦邻为重心。

与此同时，中西方神鬼观念的差异还表现在：西方的天子是神封的，而中国的神是天子封的。孔子讲的话是最好的，即“敬鬼神而远之”，也就是说鬼神是存在的，但是人应该少去招惹它们，因为人永远斗不过它们。一切东西都是人想出来的，因此对于鬼神正确的观念应该是“心中有鬼，就有鬼；心中没有鬼，也就没有鬼”。

案例 4:

“少数服从多数”中包含的谬误。

西方崇尚民主，因此它是少数服从多数的，然而，实际上这是一个极大的谬误。世界上睿智聪明的人永远是少数，而多数人都是平凡之辈。在这种前提下，“让少数的聪明人去听从大多数平凡之辈的意见”的论断自然是站不住脚的。《易经》中提到“贤大于多数”的观点，就在于说明“少数贤达的观点胜过多数愚昧的想法”的客观实际。因为曲高必然和寡，这就意味着真正高明的策略由于一般人看不懂所以都是饱受攻击的。由此可见，忍耐是对有才能的人而言的，聪明才智越高的人越需要忍耐，否则只会被活活气死。

在中国，“法是由少数人订立，由一个人修改的”，这种现象是中国社会自古迄今的一贯精神。少数人可以控制多数的人，稍微有意见就加以恐吓、威胁，再不听从命令便杀一儆百，给予惩罚。当然如此的强奸民意在现如今是行不通的，但我们必须明白“公司是少数人在维持，没有什么全员经营”的道理。中国人只可以商量，没有办法讨论，因为通常都是不懂的人声音更大，懂的人声音较小。在这种时候，领导讲一句话比员工讲一百句都要来得直接和有效。

案例5:

中美关系思维的差异。

从管理的角度来观察，早期的美国式管理要求“不变”，一切依照规定，不能够自行变更。权变理论出现以后，又要求“变”，一切求新求变，好像不变就会落伍，就会被淘汰。这种“变就要变得彻底”而“不变就应该坚持不变”的两极化作风，缺乏包容性，因而不能达到安人的目的。

在中国进行管理，应运用《易经》的道理充分掌握“阴中有阳，阳中有阴”的自然规律，来合理因应“同中有异，异中有同”的人世现象。这对于世界大同的远景最为合适。如果从这个观点来评估“21世纪是中国人的世纪”应该是相当有根据的，而且也十分符合人类的福祉。

案例6:

对“中庸之道”的理解。

朱子当年曾经说过：“无一事不合理，才是中庸”，后来反而被“不偏之谓中，不易之谓庸”的错误解释给淹没了，弄得很多人对中庸产生了误解。实际上，中庸主义应该被称为合理主义，也就是说，合理的因果，便是中庸之道。变来变去，目的是在求合理，就不是乱变。而对具体的事情“是否合理”的答案是很难讲的，中国人经常把“很难讲”挂在口头上，意思是合理与否，很不容易论断，必须格外谨慎小心，才能够判明。

沟通礼仪

中国人非常重视礼节，如果你在沟通中失礼了，对方就有反感，这当然会影响你沟通的效果。

小故事：

一位司机迷路了，他停下车把头伸出窗外问路边的老汉："大爷，您知道去王各庄怎么走吗？"大爷随手一指，走这条路。司机按照这条路走了 30 分钟，却发现这是一条死路。司机无奈回来，再次问这位大爷："大爷，这条路是死路啊"。大爷说："我知道这是死路"。司机说："你知道是死路，为什么还让我走这条路呢？"大爷说："我看你问路没有规矩，才告诉你一条错路。小伙子，记住，以后要'下马问前程'"。然后老汉把正确的路告诉了小伙子。

思考：

从这个故事中你受到哪些启发？

第一节　电话沟通礼仪

电话沟通与面对面的沟通不一样，面对面时，你可以知道对方现在忙不忙、知道对方现在的心情怎样，可电话沟通时，你对对方的这些情况一无所知，你怎么保证电话沟通的有效呢？

一、电话沟通三要素

不管是单位还是个人，都有一个形象的问题。而形象是通过你单位的人员，或者你个人的行为举止体现的。大家不要小看这个问题，一个企业的管理水平高低、一个人文明程度的高低，很多是在一些小的细节上体现出来，所谓细节体现一个企业或个人的素养、细节决定成败，一点都不为过。

电话沟通的三要素包括：第一，沟通的时间和空间的选择；第二，通话的态度，你的语言，你的表情，你的动作；第三，通话的内容，就是你说什么。

二、打电话的注意事项

在给别人打电话时，要注意以下问题。

（一）开头三要素

（1）尊称对方。要根据场合、公务沟通还是私人沟通等确定不同的称呼。

（2）自报门户。告诉对方“我”是谁。在国际交往和商务交往中，一般要报单位、部门、姓名。

（3）询问对方此时说话是否方便。

（二）打电话的时间和空间

中国人做事历来讲究时间和空间，打电话也一样。请问，如果凌晨两点有人给你打电话，请你明天在一块儿吃饭，你烦吗？

在打电话时，要注意以下几点：

（1）选择人家不烦你的时间。一般来说，早晨7点前、晚上10点后不要给人家打电话；有些企业早晨要开早会、班前会，这个时候不要打电话；节假日不是重大事端不要打电话；就餐的时间别打电话。

（2）选择合适的空间。第一，一般来讲，私人的重要电话最好用家里的座机打。办公室电话是用于办公的，一般用于公务，切忌贪小便宜。第二，尽量不要在公众场所打电话；第三，通话时间不宜过长，最好掌握在三分钟之内，尤其是公务电话；第四，先说最重要的事情，再说次要事情。

（3）你打错电话了，一定要说声“对不起”。

三、接电话的注意事项

（一）接电话的四部曲

尊称对方、自报门户、听对方说话，最后要说再见。

（二）被错接电话

你如果接了一个拨错的电话，并且你已经知道对方拨错了，你至少应该告诉对方他拨错号码了，省得人家继续往下说。

案例：

看一下德国公司的做法：德国一家公司规定，如果外人打电话给该公司，电话拨错了，接电话的第一句话要说明，先生你好，电话您拨错了，第二句话要把我们单位电话号码重复一下，让对方验证不是骗他，第三句话要问，您需要帮助吗?

（三）接电话的小要点

接电话时要注意以下几点：第一，铃响不过三声；第二，不要随便叫人家替你接听电话。

四、电话沟通的其他注意事项

（1）拨打电话之前，把电话号码看清楚，别打错。万一打错了说声抱歉或对不起。

（2）发手机短信时要有落款，让人家知道是谁发的短信。发短信时，应尽量是那种有效的信息，有益的信息。

（3）电话信号不好或突然断了。接电话的一方有责任告诉对方，说这个位置可能网络没有覆盖，噪声很多，我先把电话挂了，换个时间再给你打。万一没有征兆电话就突然断了，那你马上要把电话打回去，并告诉对方，不好意思，电话掉线了。一般来说，地位低的人要把电话首先打回去，这是对人家一种尊重。

（4）会客时接到重要电话。如果在会客时接到重要电话，你不妨告诉打电话的人："王主任，不好意思，某某单位的李某某正在我这儿谈工作呢，你看这样好不好，王主任，你约一个时间，然后我跟李某某说完了事马上给你打过去"。这样做，第一暗示我边上有人，一些问题不便于说；第二让他选择一个时间，打给他，说明重视他。

（5）不用移动电话去传送重要信息。

（6）正常情况下，不要借用别人的手机打电话。也不要在人多的地方接听电话。

（7）公众场合要养成手机改成振动或者静音甚至关机的习惯。

（8）如果要用手机拍照，一定要征得对方同意。

第二节　介绍的礼仪

现代生活，人们交往范围日益广泛，似乎每天都在认识新的面孔，结交新的朋友。初次认识，总少不了介绍。介绍自己，介绍别人。得体的介绍往往会给对方留下良好的第一印象，因此人们又把介绍称为交际之桥。

在人际交往中，介绍有很多技巧。谁先介绍？谁后介绍？什么时候介绍最为恰当？介绍的内容又该注意些什么？这些问题通常决定着介绍的成功与否。

第一，介绍的时机，在安静的地方，喋喋不休的介绍会影响他人。

第二，介绍的主角，就是谁出面来做介绍。一般来说，地位低的人需要首先要向地位高的人自我介绍；晚辈遇到长辈，先自我介绍；工作中同级别的交往中，男士应先自我介绍。主人迎接客人时，主人应该首先向客人做介绍。

第三，介绍的表达的方式。

第三节　握手的礼仪

在一般性交往应酬之中，握手时标准的伸手顺序，应该是位高者居前，就是地位高的人先伸手；主人接待客人主人先伸手；男人和女人握手，一般是女人先伸手；晚辈和长辈握手，一般是长辈先伸手；上级和下级握手，一般是上级先伸手；老师和学生握手，一般是老师先伸手。客人告辞时客人先伸手等等。

参考文献

[1] 彭万忠．怎样做好现代班组建设与管理工作[M]．北京：中国言实出版社，2011：347.

[2] 张俊杰，洪生伟．宝钢的标准化作业[M]．北京：冶金工业出版社，1993.

[3] 北京职工教育协会．企业中层领导管理能力训练教程[M]．北京：知识出版社，2006.

[4] 曾仕强．曾仕强管理学[M]．北京：中国经济出版社，2010.

[5] 隋晓明，赵文明．你是世界上最会说话的人[M]．北京：中国商业出版社，2010.

[6] 吴学刚．打破常规的赞美[M]．北京：中国商业出版社，2008.

[7] 刘振中，李月红，臧苗苗．人际高手的50个心理工具[M]．北京：电子工业出版社，2008.

[8] 中国首钢集团网站：http：//www. shougang. com. cn/shougang_cn_web/qywh/index. htm

[9] 成功励志网：http：//www. rs66. com/

[10] 时代光华管理培训网：http：//www. hztbc. com/